엑스포지멘터리 성경공부 시리즈

이사야(Ⅱ)

인도자용

이사야 13-39장

엑스포지멘터리 성경공부 시리즈

이사야(Ⅱ)

인도자용

이사야 13-39장

| 송병현 · 임우민 지음 |

EM Exposi Mentary

차례

『이사야(II)』 엑스포지멘터리 성경공부 오리엔테이션
(60분 소요)

* 한 주의 성경공부는 60분을 기준으로 구성되어 있으나 그룹의 요구와 형편에 따라 조절할 수 있습니다.

* 첫 번째 모임의 오리엔테이션은 다음과 같은 구성으로 모임을 갖도록 합니다.

1. 찬양과 기도(5분)

찬양하고(선택), 인도자의 짤막한 기도로 모임을 시작하십시오.

2. 자기 소개(10분)

1) **서로 잘 아는 사이의 그룹일 경우** : 한 명씩 돌아가면서 개성 있게 자기소개를 하도록 하십시오. 본인의 성격을 동물이나 꽃에 비유하여 소개하는 것도 자신의 특성을 잘 소개할 수 있는 방법입니다.
2) **서로 잘 모르는 사이의 그룹일 경우** : 두 명이 한 조를 이루어 '제일 잘 하는 것 한 가지'를 서로 나눕니다. 3분 정도 후 돌아가며 서로의 짝을 소개하는 시간을 갖습니다. 쑥스러운 분위기를 부드럽게 만들기 위해 인도자가 먼저 자기소개를 하여 어떻게 하는지 본을 보이는 것이 좋습니다.

3. 학생용 책 나누어 주기(5분)

인도자용 교재는 인도자가 효율적으로 인도하기 위한 것이기 때문에 나누어 주지 마십시오.

4. 엑스포지멘터리 성경공부에 대한 소개(2분)

엑스포지멘터리(EXPOSItory + commentary = Exposimentary, 해설주석)는 '해설, 설명'을 뜻하는 'expository'라는 단어와 '주석'을 뜻하는 'commentary'를 합성한 단어입니다. 본문의 뜻과 저자의 의도와는 연관성이 없는 주제와 묵상으로 치우치기 쉬운 expository의 한계와 필요 이상으로 논쟁적이고 기술적일 수 있는 commentary의 한계를 극복하여 가르치는 사역에 도움을 주기 위한 새로운 장르입니다. 성경공부의 가장 핵심적인 목적은 **올바른 성경해석과 적절한 말씀적용**입니다.

5. 이사야서 서론(20분)

* 학생용 교재를 사용하며 같이 나눕니다.
* 『**이사야(II)**』 시작 전 이사야서의 서론을 나눕니다. 이사야서는 총 세 권으로 교재를 구성하였으므로 처음 『**이사야(I)**』에서 좀 더 심도 있게 다루고 『**이사야(II)**』『**이사야(III)**』은 핵심만 나누도록 합니다.
* 내용을 미리 읽어 오도록 권유합니다.

1. 이사야서의 중심 메시지
   - 메시아
   - 예배와 영성
   - 수명과 희생
   - 하나님
   - 남은 자
   - 시온 사상

2. 이사야서 전체의 구조와 개요
   Ⅰ. 유다와 예루살렘에 선포된 심판과 구원(1:1-12:6)
   Ⅱ. 열방 심판(13:1-23:18)
   Ⅲ. 이사야의 종말 환상(24:1-27:13)
   Ⅳ. 아시리아 침략 전야(28:1-33:24)
   Ⅴ. 에돔과 시온(34:1-35:10)

Ⅵ. 이사야, 히스기야, 예루살렘(36:1–39:8)
Ⅶ. 귀향과 회복(40:1–31)
Ⅷ. 소송과 판결(41:1–48:22)
Ⅸ. 여호와의 종과 열방의 빛(49:1–53:12)
Ⅹ. 여호와께서 인정하신 종(54:1–62:12)
Ⅺ. 언약 백성(63:1–66:24)

6. 서류 작성(5분)

교재의 마지막 장에 있는 '비밀 유지 서약서'의 의도를 설명하며 서명하도록 합니다.

7. 기대와 포부(5분)

성경공부 모임을 통해 기대하는 것을 구성원의 2명 정도만 이야기하도록 합니다.

8. 숙제와 실천과제(5분)

다음 주의 말씀 돋보기 부분을 숙제해 오도록 하십시오.
실천과제로 『**이사야(II)**』 전체를 읽을 수 있는 데까지 소리 내어 한번 읽어 오도록 하십시오.

9. 기도

다 함께 이 성경공부 모임을 위해 기도하십시오.
다음 모임의 약속과 장소를 다시 한번 공지하십시오.

* 두 번째 모임부터는 다음과 같이 시간 구성을 하도록 합니다.

10. 이 책의 구성 및 사용방법(5분)

1) **복습 – 예상소요시간 5분**

– 복습은 지난주에 배운 말씀 중 가장 핵심적인 부분을 이해하고 있

는지 확인하는 부분입니다.

- 지난주에 결단했던 '**생활의 아로마**'가 어떻게 진행되었고, 삶에 어떤 변화를 가져왔는지 간단히 나눕니다.

2) 말씀 돋보기(관찰) - 예상소요시간 20분

- '말씀 돋보기'는 숙제로 제시합니다.
- '말씀 돋보기'는 Tip을 제시하고 있으며, Tip을 자세히 읽으면 스스로 답을 얻을 수 있습니다. 그러나 되도록이면 성경에서 답을 찾고 기록한 후, 그 문제를 이해했는지 Tip을 통해 확인하도록 하십시오.
- 문제를 함께 풀어 보고 문제에 필요한 추가 설명을 곁들이며 어려움이 없었는지 확인합니다.

3) 삶의 내비게이션(적용) - 예상소요시간 25분

- '삶의 내비게이션'은 모임 시간에 함께 나누는 부분입니다.
- 인도자의 중요한 역할은 '삶의 내비게이션'에서 Tip을 사용하여 말씀 돋보기와 연결되는 삶을 나누고 방향을 함께 볼 수 있도록 안내하는 것입니다.
- '삶의 내비게이션'은 과거, 현재, 미래형으로 질문이 구성되어 있습니다.

4) 생활의 아로마(실천) - 예상소요시간 5분

- '생활의 아로마'는 구체적인 실천과제를 학생 스스로 적고 실천하는 부분입니다.
- '생활의 아로마'는 매주 모임에서 토론한 내용 중에서 각자의 상황과 결단에 맞추어 한 가지 정도의 구체적인 실천과제를 제시합니다. 모임을 시작하면서 실천과제에 대한 나눔을 합니다.
- 나눔의 깊이는 성령님의 인도하심, 인도자의 지혜, 그리고 그룹 구

성원간의 서로에 대한 신뢰 정도에 따라 차이를 보일 수 있습니다.

– 학생용 교재 마지막 장에 '『이사야(II)』 말씀과 삶의 변화 일지'를 사용하여 EM성경공부를 통해 삶이 어떻게 변화되고 어떤 결과로 나타났는지 볼 수 있게 하였습니다.

〈엑스포지멘터리 성경공부 시리즈 구성〉

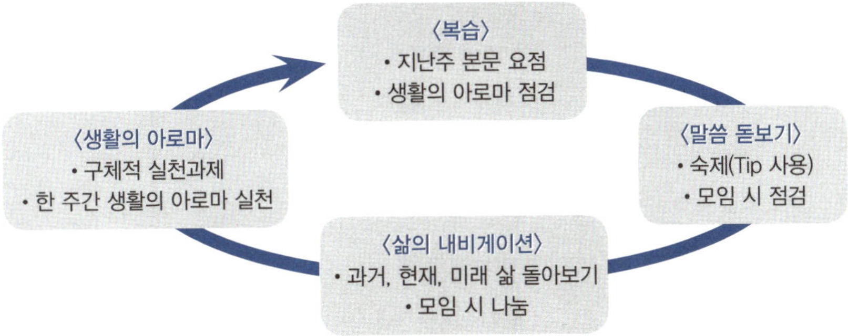

이사야 서론

1. 선지자

선지자의 히브리어 이름 '예사아후'는 '여호와는 구원이시다'라는 의미다. 이사야는 유다의 운명이 풍전등화와 같았던 주전 701년 아시리아 왕 산헤립의 유다 침략 때 매우 중요한 역할을 했던 선지자다. 이사야 선지자가 유다 정치에 깊이 관여했다는 것은 그가 나단처럼 왕궁을 자유자재로 드나들었다는 점에서 알 수 있다.

이사야는 예루살렘에서 태어나 자랐고 그곳에서 교육을 받은 것으로 추정된다. 이사야는 웃시야 왕이 죽은 해인 주전 740년에 선지자로서 소명을 받았다(참조. 6장). 그는 예루살렘에서 50년을 사역했으며, 이 기간에 북왕국 이스라엘이 아시리아의 손에 멸망하는 것을 목격했다. 또한 남왕국 유다도 산헤립에 의해 건국 이후 가장 큰 위기를 맞은 것을 지켜보았고, 곤경에 처한 히스기야를 하나님의 말씀으로 위로했다.

이사야 선지자는 결혼했고(참조. 8:3), 최소한 두 명의 아들을 두었다. 그의 아내도 '여 선지자'(우리말 성경에서는 '아내'로 해석됨)로 불렸다(8:3). 그녀가 선지자 활동을 해서였는지, 아니면 단지 남편이 선지자이기 때문에 주어진 명칭('사모'라는 의미로)이었는지 확실하지는 않다. 그러나 성경에서 선지자의 아내가 결혼 때문에 여 선지자라고 불리는 예가 없다는 것을 감안할 때 이사야의 아내도 선지자 사역을 했던 것으로 보인다.

2. 역사적 정황

이사야가 사역한 주전 8세기말 근동 지역에서는 아시리아가 제국을 형성하며 군림하고 있었다. 이사야는 웃시야 왕이 죽던 해에 사역을 시작했다(6:1). 유다는 웃시야 왕의 통치하에 획기적인 경제 부흥을 경험했다(참조. 대하 26:6-15). 웃시야 왕의 통치는 주전 792-740년 동안 지속되었는데, 이 기간 동안 유다는 안정적인 정치를 기반으로 모든 분야에서 눈부신 발전을 이룰 수 있었다. 유다가 이처럼 놀라운 성장을 이룬 것은 당시 근동의 슈퍼 파워였던 아시리아의 내부적 갈등이 일조했기 때문이다. 웃시야가 유다를 다스리는 동안 아시리아를 지배했던 살만에셀(783-773), 아술단(773-754), 아술니라리(754-746) 등은 매우 약한 리더십의 소유자들이었다. 게다가 기근, 반역 등이 끊이지 않으므로 아시리아는 국제무대로 눈을 돌릴 여력이 없었다. 이 같은 상황이 웃시야가 마음껏 활동할 수 있는 여건을 조성해 주었던 것이다.

이사야는 요담 왕(주전 750-732) 시대에도 사역했다. 요담은 물질적으로는 풍요로운, 그러나 도덕적으로나 종교적으로는 타락한 나라를 물려받았다. 요담은 이렇다 할 획기적인 종교개혁을 시도하지 않았고, 계속 악화되어가는 유다의 영성을 방관하기만 했다. 요담의 뒤를 이어 왕이 된 아하스(주전 735-716)는 종교적으로 매우 타락한 왕이었다. 이런 불신이 유다가 당면하고 있는 국제적 문제의 원인이 되었다. 아하스는 하나님의 약속보다는 자신의 정치적인 능력과 활동에 나라의 운명을 맡긴 사람이었다. 시리아와 이스라엘이 아하스를 몰아내고 그의 자리에 다른 인물을 세우려고 유다를 침략했을 때 아하스는 무척 두려워했다(7장).

선지자 이사야가 그를 찾아가 '두려워 말라'고 권면하지만, 그는 선지자와 그의 하나님을 무시하고 아시리아의 왕 디글랏에게 사신과 돈을 보내 도움을 청했다(대하 28:16). 히스기야(주전 716-687) 왕은 이사야서에서 마지막으로 모습을 드러내는 유다의 왕이다. 히스기야는 하나님을 경외하는 왕이었다. 정치적으로나 개인적으로 어려운 시대에 이사야를 찾으며 하나님의 뜻을 구한 믿음의 모범이 되는 왕이었다. 그는 대대적인 종교개혁을 추진했다(왕하 18:4, 22). 망해 버린 북왕국 백성을 예루살렘으로 초대하여 성대하게 지킨 유월절(대하 30장) 행사는 히스기야의 하나님을 향한 믿음을 드러내는 대표적인 사건이었다. 히스기야는 아시리아 왕 사르곤(주전 721-701)에게 조공을 바쳤다. 사르곤이 죽자 이집트의 '군사적 도움 약속'에 힘입어 블레셋과 합세하여 아시리아를 반역했다(왕하 18:7). 그래서 사르곤의 아들 산헤립이 주전 703-701년에 유다 땅을 침범했고 46개 도시를 점령했다.

3. 주요 신학적 메시지

메시아

선지자 이사야는 온 인류의 구원을 위하여 이 세상에 태어나실 구세주에 대하여 그 어느 선지자보다도 많은 계시를 받아 기록하고 있다.

첫째, 선지자는 메시아가 매우 연약한 사람의 모습으로 오실 것이라고 한다. 이사야 선지자는 메시아를 생각하며 '싹'과 '아이'라는 이미지를 자주 사용한다(4:2; 7:14; 9:6; 11:1; 53:2). 싹과 아이는 새로움을 의미하기도 하지만 연약함을 뜻하기도 한다.

둘째, 이사야는 메시아가 다윗의 후손으로 오실 것이라고 한다(11:1; 9:6). 메시아가 다윗의 후손으로 오시는 것은 이스라엘의 선조 야곱의 예언을 성취하는 일이며, 동시에 그가 왕족의 신분이라는 것을 암시하고 있다(9:6). 비록 비천하고 연약한 인간의 모습으로 오시지만, 이분은 이 세상 그 누구도 무시할 수 없는 위엄 있는 왕으로 오시는 것이다.

셋째, 메시아는 하나님이시다. 그의 이름인 '기묘자, 모사, 전능하신 하나님, 영존하시는 아버지, 평화의 왕' 등은 성경 안에서 유일하게 하나님에게만 적용될 수 있는 호칭들이다. 이러한 이름들이 메시아에게 적용되는 것은 비록 그분이 인간으로 오지만 하나님과 동일하신 매우 특별한 분이심을 암시하고 있다.

넷째, 메시아는 인간의 죄를 대속하기 위해 오신다. 메시아는 세상에 공의와 정의를 실현하기 위하여 오신다. 그러나 그가 이 일을 실현하기 전에 해야 할 일이 있다. 죄로 인하여 깨어져 버린 하나님과 인간의 관계를 회복하는 것이다. 그러므로 메시아가 받은 첫 임무는 하나님과 인간 사이의 간격을 좁혀 둘이 하나 되게 하는 것이다. 이사야 선지자는 메시아가 백성들의 죗값을 치르기 위하여 스스로 죽음을 맞이할 것이라고 한다(53:4–5). 이 일은 메시아가 자청한 일이기도 하지만(53:7–9), 또한 하나님의 계획이었다고 선지자는 선언한다(53:10).

예배와 영성

이사야는 '구약의 신학자'로 불릴 정도로 메시지가 정교하고 체계적이며 논리적이라고 평가된다. 그러나 그의 신학은 이론에서 멈추지 않았다. 그는 철저한 이론가이면서 동시에 현실의 문제에 매우 민감했던 실천가였다. 그는 우리의 믿음과 영성이 삶에서 열매로 나타나지 않으면 무용지물이라는 것을 그 누구보다도 잘 알고 강조했던 선지자였다. 그러므로 이사야가 이스라엘의 예배를 문제삼은 것은 예배가 백성의 경건하고 의로운 삶의 연장이 아니라 그들의 부도덕한 행위를 덮어 주고 액운이나 때워 주는 수단으로 이용되고 있었기 때문이다.

이스라엘은 사회적 집단이기 전에 종교적 목표와 의미를 지니고 형성된 공동체였다는 점을 감안할 때, 이 공동체에 속한 모든 사람들은 사회 운명에 필요한 원칙들과 질서에 대한 규례들을 철저히 준수해야만 했다. 한 백성으로서 함께 모여 여호와께 격식과 규례에 따라 제사를 드리는 것만큼 일상생활에서 한 공동체로서 서로를 공의와 공평으로 대하는 일도 중요했던 것이다. 그러나 이스라엘은 곧 서로에 대한 도덕적, 공동체적 책임을 등한시하거나 회피하기 시작했다. 반면에 예식과 제사에 관한 율법만을 중요시하는 풍조가 예배를 드리던 성소들을 중심으로 온 나라에 팽배했고, 마침내 예배와 제사가 율법의 모든 것으로 여겨지기 시작했다.

이사야는 공동체에 속해 있는 가난하고 불쌍한 자들에게 긍휼을 베풀지 않고 인색하며 배려도 하지 않으면서 오히려 세상에서 가장 연약한 자들에게서 착취한 것들을 여호와께 드릴 제물로 둔갑시켜 성전에 들여놓았던 자들에게 하나님의 거룩한 진노를 쏟아 부었다. 이사야는 의롭고 경건한 삶이 뒷받침하지 않는 예배는 믿음이나 영성이 아니라 위선이요 가증함이라고 선포하며 이런 이유로 위선적인 삶을 사는 자들에게 차라리 예배를 드리지 말라고 권면했던 것이다.

이사야가 이스라엘의 제사에서 제기했던 또 하나의 문제는 형식과 절차가 예배의 본질과 의도를 대체하고 있다는 것이다. 예배의 본 목적은 평소에 경건하게 살려고 노력하는 자들이 그렇게 살 수 없는 자신의 한계를 시인하여 상한 마음을 안고 나아와 용서와 치유를 경험하고, 이러한 은혜를 베푸시는 여호와 하나님의 임재를 체험하는 것이다.

그러나 세월이 지나면서 예배의 본 의도는 잊혀져갔고 어떤 제물이 언제, 어디서, 어떤 예식에 따라 드려지는가가 사람들의 관심사가 되었다. 물론 밖으로 드러나는 형식이 전혀 중요하지 않다고 말하는 것은 아니다. 그러나 외형적인 것들이 내면적인 것들을 대체하는 예배로는 더 이상 예배가 추구하고자 하는 효과를 거둘 수 없다. 이에 이사야는 분노했던 것이다.

선지자는 이처럼 외형적인 것에 치우치지 않고, 결코 그 무엇으로도 대체할 수 없는 것을 추구하는 예배를 갈망했다. 또한 경건한 삶의 연장선이라는 차원에서 일상 생활 가운데 끊임없이 공평과 의를 추구하는 삶으로 드리는 제물로 가득 찬 제사를 요구했다. 이사야 선지자의 예배관은 곧 그의 믿음의 표출이면서 우리에게 예배와 영성이 어떻게 조화로운 관계를 유지해야 하는가를 잘 보여 주고 있다.

소명과 희생

이사야는 자신의 소명과 선포한 메시지를 희생과 헌신으로 뒷받침하는 영적으로 매우 성숙한 모습을 보인다. 그는 하나님의 명령에 따라 이집트에 임할 운명을 경고하면서 3년 동안 벌거벗은 채, 혹은 속옷만 걸친 모습으로 거리를 활보했다(20장). 선지자의 벌거벗은 모습을 본 사람들 가운데 하나님을 믿지 않는 사람들은 이사야를 정신 이상자로 취급했을지도 모른다.

또 하나님은 이스라엘에게 임할 포로생활에 대하여 지속적으로 경고하기 위하여 이사야의 아들들에게 '스알야숩'(lit., 남은 자가 돌아올 것이다)과 '마할살랄하스바스'(lit., 노략이 속히 올 것이다)라는 이름을 주셨다. 아이들의 이름이 불릴 때마다 다가올 민족의 운명을 경고하는 것은 좋지만, 아이들의 이름이라고 하기에는 억양이 좋지 않고, 마음도 편하지가 않은 것이 사실이다. 아마도 아이들은 이름으로 인해 놀림을 당하거나 구설수에 오르는 일도 허다했을 것이다. 그러나 이 모든 것 중에서 이사야가 소명에 부합한 삶을 살기 위하여 감수해야 했던 가장 큰 희생은 아마도 세상적인 성공을 포기하는 일이었을 것이다.

하나님이 이사야 선지자에게 주신 소명은 확고하다. "사람들이 회개하고 돌아오는 것을 막고 훼방하라." 이 말씀은 우리뿐만 아니라 이사야 자신에게도 매우 충격적이었을 것이다. 더 나아가 이 말씀은 이사야에게 세상적인 관점에서의 성공을 포기하라는 요구를 내포하고 있다. 이사야가 선포한 설교는 사람들이 좋아할 메시지가 아니었기 때문에 결국 청중은 그의 곁을 떠났고, 심지어 그를 기피하기에 이르렀다. 실제로 이사야는 훗날 자신은 '실패한 사역자'라고 고백한다(49:4). 이사야는 하나님의 눈에 성공한 자가 되기 위하여 세상의 눈에는 실패한 자의 길을 선택했던 것이다.

하나님

이사야에게 가장 강한 인상을 남긴 하나님의 모습은 '이스라엘의 거룩하신 이'로서의 하나님이시다. 이사야의 소명 체험이 이 사상의 기초를 이루고 있다(6장). 구약에서 '거룩'이라는 단어가 세 번 반복되는 곳은 여기뿐이다. '이스라엘의 거룩하신 이'라는 표현은 이사야서에서 총 25회 사용되었다(1–30장[x12]; 40–55장[x11]; 56–66장[x2]). 그밖에 구약의 다른 부분에서는 단지 6회밖에 사용되지 않았다. 즉 이사야가 '특허를 낸' 표현인 것이다.

'거룩하다'의 기본적인 개념은 '구분하다, 분류하다'이다(참조. 레 11:44–45; 19:2; 20:7). "내가 거룩한 것같이 너희도 거룩하라." 거룩함은 이스라엘과 하나님의 언약관계에 근거하여 새롭게 형성된 이스라엘의 신분을 기초로 한 개념이다. 하나님은 이스라엘을 열방에서 구분하여 그의 백성으로 삼아 '거룩하게' 하셨던 것이다. 그러므로 이스라엘은 더 이상 열방처럼 살아서는 안 되며, 분리된 삶을 통하여 하나님께 선택받은 백성의 복된 신분을 드러내야 한다.

남은 자

하나님의 심판을 견디어 내고 살아남은 소수의 사람들이 남은 자들의 중심을 이룬다. 이들은 인류를 계승하거나 족속을 계승하게 된다. 여호와께서는 남은 자를 통해 하나님의 백성 중 '진짜와 가짜'를 가려내신다. 남은 자 사상은 하나님의 거룩하심을 강조한다. 이스라엘의 거룩하신 이가 죄인들을 심판하리라는 예언적 의미를 내포하고 있다. 심판이 오지 않는다면 남은 자가 있을 수가 없기 때문이다. 그러므로 남은 자 사상이 한편으로는 불투명한 주의 백성의 장래를 암시한다.

남은 자는 또한 하나님의 은혜를 강조한다(4:2-3; 11:1-16). 혹독한 심판 후에도 남은 자들은 돌아올 것이며 이들은 하나님께 의지할 것이다(10:20-23). 모든 것이 끝나 버렸다는 생각에 사로잡힐 수 있는 순간에 바로 새로운 역사가 시작될 것이라는 점을 강조하는 것이 '남은 자 사상'이다. 심판이 있은 후 남은 자들은 예루살렘을 신실하고 의로운 도시로 만들어 나갈 것이다(1:21-26). 그들은 땅에 뿌리를 내리며 풍성한 삶을 이룩할 것이다(37:30-32).

시온 사상

이사야서에서 시온 사상은 여러 곳에 보인다(참조. 28-32장). 이사야서의 시온 사상은 구약의 시온 사상과 다음과 같은 차이점을 보인다. 첫째, 열방을 심판하시는 하나님이 이스라엘을 심판하는 분으로 변할 수 있는 가능성을 포함한다(29:1-8). 이스라엘 사람들은 이 점을 인정하지 않았다. 그러므로 선지자는 확실한 믿음을 요구하고 있다(7:1-9). 시온 사상은 거룩한 전쟁과 연결된다. 하나님이 우리를 대신하여 싸워 주시는 행위인 거룩한 전쟁의 필수 조건은 우리의 흔들리지 않는 믿음이다. 둘째, 이사야서는 그의 청중들에게 신학적인 허세에 불과한 잘못된 시온 사상보다는 비밀스럽고 놀라운 하나님의 섭리와 계획을 믿으라는 것을 강조하고 있다(5:12, 19; 14:24-27; 28:21).

4. 구조와 개요

Ⅰ. 유다와 예루살렘에 선포된 심판과 구원(1:1–12:6)

1장 서론(1:1–31)

2장 위대하신 하나님과 교만한 백성(2:1–4:6)

3장 하나님의 기대와 실망(5:1–30)

4장 선지자의 소명(6:1–13)

5장 임마누엘 아이(7:1–9:7)

6장 심판(9:8–10:19)

7장 구원과 회복(10:20–12:6)

Ⅱ. 열방 심판(13:1–23:18)

1장 바빌론과 왕(13:1–14:27)

2장 블레셋(14:28–32)

3장 모압(15:1–16:14)

4장 시리아와 에티오피아(17:1–18:7)

5장 이집트(19:1–20:6)

6장 해변 광야(21:1–10)

7장 두마(21:11–12)

8장 아라비아(21:13–17)

9장 환상의 골짜기(22:1–25)

10장 두로(23:1–18)

Ⅲ. 이사야의 종말 환상(24:1–27:13)

1장 세상에서 진행되는 하나님의 추수(24:1–13)

2장 세상 사람들 중 남은 자들의 노래(24:14–16a)

3장 악한 세상이 파괴됨(24:16b–20)

4장 기다리는 세상(24:21–23)

5장 파괴된 도시의 노래(25:1–5)

6장 시온 산(25:6–12)

7장 강건한 도시의 노래(26:1–27:1)
8장 백성들 중 남은 자들의 노래(27:2–6)
9장 백성 중에서 진행되는 하나님의 추수(27:7–13)

Ⅳ. 아시리아 침략 전야(28:1–33:24)
1장 이스라엘과 유다 비유(28:1–29)
2장 예루살렘의 위기(29:1–14)
3장 인간과 하나님의 계획(29:15–24)
4장 어리석은 동맹과 심판(30:1–33)
5장 예루살렘 보호(31:1–9)
6장 약속과 경고(32:1–20)
7장 소망(33:1–24)

Ⅴ. 에돔과 시온(34:1–35:10)
1장 에돔에 대한 경고(34:1–17)
2장 영화로운 시온(35:1–10)

Ⅵ. 이사야, 히스기야, 예루살렘(36:1–39:8)
1장 산헤립의 위협과 여호와의 응답(36:1–37:38)
2장 히스기야의 병(38:1–22)
3장 바빌론 사절단(39:1–8)

Ⅶ. 귀향과 회복(40:1–31)
1장 하나님의 큰길(40:1–11)
2장 회복 보장(40:12–31)

Ⅷ. 소송과 판결(41:1–48:22)
1장 유일하신 하나님(41:1–29)
2장 종의 소명(42:1–9)
3장 여호와의 구원(42:10–17)

제1주 열방 심판

이사야 13:1–16

학습목표

열방을 향해 심판하시는 하나님을 알 수 있다.

KEYWORD **심판, 여호와의 날**

Ⅰ. 찬양과 기도

Ⅱ. 복습문제 풀이

복습

1 이새의 뿌리에서 자란 싹이 통치하는 세상은 어떤 모습인가?(11:6–9)

a) 원수 관계가 회복된다.

b) 창조된 세계에 본질적인 변화가 온다.

c) 저주가 없어진다.

d) 새 에덴은 시온 산에 있다.

Ⅲ. 말씀 이사야 13:1–16을 다 함께 읽는다

13:1 아모스의 아들 이사야가 바벨론에 대하여 받은 경고라

2 너희는 민둥산 위에 기치를 세우고

소리를 높여 그들을 부르며

손을 흔들어 그들을 존귀한 자의 문에 들어가게 하라

3 내가 거룩하게 구별한 자들에게 명령하고

나의 위엄을 기뻐하는 용사들을 불러

나의 노여움을 전하게 하였느니라

4 산에서 무리의 소리가 남이여

많은 백성의 소리 같으니

곧 열국 민족이 함께 모여 떠드는 소리라

만군의 여호와께서 싸움을 위하여

군대를 검열하심이로다

5 무리가 먼 나라에서,

하늘 끝에서 왔음이여

곧 여호와와 그의 진노의 병기라

온 땅을 멸하려 함이로다

6 너희는 애곡할지어다

여호와의 날이 가까웠으니

전능자에게서 멸망이 임할 것임이로다

7 그러므로 모든 손의 힘이 풀리고

각 사람의 마음이 녹을 것이라

8 그들이 놀라며 괴로움과 슬픔에 사로잡혀

해산이 임박한 여자같이 고통하며

서로 보고 놀라며 얼굴이 불꽃같으리로다

9 보라 여호와의 날

곧 잔혹히 분냄과 맹렬히 노하는 날이 이르러

땅을 황폐하게 하며

그중에서 죄인들을 멸하리니

10 하늘의 별들과 별 무리가 그 빛을 내지 아니하며

해가 돋아도 어두우며

달이 그 빛을 비추지 아니할 것이로다

11 내가 세상의 악과 악인의 죄를 벌하며

교만한 자의 오만을 끊으며
강포한 자의 거만을 낮출 것이며
12 내가 사람을 순금보다 희소하게 하며
인생을 오빌의 금보다 희귀하게 하리로다
13 그러므로 나 만군의 여호와가
분하여 맹렬히 노하는 날에
하늘을 진동시키며 땅을 흔들어
그 자리에서 떠나게 하리니
14 그들이 쫓긴 노루나 모으는 자 없는 양같이
각기 자기 동족에게로 돌아가며
각기 본향으로 도망할 것이나
15 만나는 자마다 창에 찔리겠고
잡히는 자마다 칼에 엎드러지겠고
16 그들의 어린아이들은
그들의 목전에서 메어침을 당하겠고
그들의 집은 노략을 당하겠고
그들의 아내는 욕을 당하리라

Ⅳ. 관찰문제의 바른 답

말씀 돋보기(관찰)

1 하나님이 바빌론을 상대로 전쟁을 선포하시는 모습을 어떻게 묘사하고 있는가? 그 이유는 무엇인가?(13:1–5)

a) 모습: 벌거숭이산에 깃발을 세운다.

b) 이유: 만방에서 군대를 소집하기 위하여.

Tip 하나님은 바빌론을 상대로 전쟁을 선포하신다. 벌거숭이산에 깃발을 세우고 소리를 높여 군인들을 모집하신다(2절). 벌거숭이산에서 일어나는 일은 가려져 있지 않기 때문에 모든 사람이 볼 수 있다. 게다가 그 산에 깃발까지 세운다는 것은 세상 모든 사람이 볼 수 있도록 드러내 놓고 이 일을 하실 것을 선언하시는 것이다. 바빌론을 멸망시키려고 군대를 모으는 일은 그 어떤 거리낌도 없고 부도덕한 일도 아닌 떳떳한 것이라는 사실을 암시한다.

이 군대는 여호와께서 직접 징병하셨다. 이 사실을 강조하기 위하여 선지자는 4절에서 신적 1인칭을 사용하고 있다. 이 군대는 '여호와의 군대'(5절)이며, 그가 직접 검열하신다. 또한 이 군대는 여호와께서 '구별한 사람들'로 구성되어 있다. 여기에서 '구별'은 윤리적인 차원보다는 '분리/차별화'를 의미한다. 이 군대는 세상의 교만한 자들(지도자들)을 심판하시기 위하여 세계 곳곳에서 군사를 징집하신다(4절). 하나님의 부르심을 받고 온 열방에서 군대가 몰려든다. 심지어 '먼 나라, 하늘 끝'(5절)에서도 온다. 범세계적 군대가 집결하고 있음을 뜻한다. 또한 이들이 웅성거리는 소리를 강조하는 것(4절)을 감안하면 대단한 규모의 군대다. 세상의 그 어느 민족과 나라도 결코 여호와께서 모으신 군대의 상대가 될 수 없음을 경고한다.

2 여호와의 날에 심판받는 자들의 상태는 어떠한가?(13:7-8)

사람이 내적-외적으로, 즉 총체적으로 넋을 잃은 상태.

Tip 전능자의 능력이 세상에 드러날 시간이 임박할수록 사람들의 손의 힘이 풀리고, 마음이 녹을 것이라고 한다(7절). 성경에서 '손'은 사람의 외부적인 행동을 '마음'은 사람의 깊은 묵상을 뜻하는데 사용된다. 여호와의 날이 임하면 사람이 내적-외적으로, 즉 총체적으로 넋을 잃는 현상을 설명하고 있다. 공포와 괴로움에 사로잡힌 사람들이 겪는 고통은 마치 해산하는 여인의 고통과 같을 것이다(8절). 해산의 고통은 인간이 경험할 수 있는 가장 큰 고통 중 하나이다. 이날 사람들은 엄청난 고통을 당하게 될 것을 암시한다.

3 하나님의 심판이 임할 때 그 규모는 어떠한가?(13:9-10)

범우주적 규모의 심판.

Tip 온 우주의 자연과 인간들이 파괴되고 제 구실을 못하는 날이 오고 있다(9절). 하늘을 채우고 있는 해와 달과 별들이 빛을 발하지 못해 어두움이 세상을 가득 채운다(10절). 선지자는 여호와께서 세상을 심판하시는 날은 혹독한 어두움의 날이라고 했다(참조. 5:30). 또 다른 한 가지의 의미는 고대 근동 사람들의 종교에서 해, 달, 별 등은 중요한 자리를 차지했다. 사람들은 이것들을 대단한 초능력이 있는 신들로 숭배하거나, 이것들을 통해 능력을 얻으려 했다. 드디어 하나님이 이 천체들의 '불/빛'을 거두신다. 그들은 신이 아니라, 창조주가 지으신 피조물에 불과하다는 사실을 온 천하에 드러내고 있다.

4 하나님의 심판은 누구에게 임하며, 그 심판의 정도를 표현하는 것은 무엇인가?(13:11-12)

a) 교만하고 오만한 자.

b) 남은 자가 오빌의 금보다 귀하게 할 것이다.

Tip 여호와께서 세상을 방문하시는 날 세상은 온갖 통곡 소리로 가득할 것이다. 선지자는 다시 한번 교만과 오만이 하나님을 진노하게 하는 죄라는 것을 강조한다(11절). '세상'이라는 단어는 땅이라는 개념보다 사람들의 삶과 생활의 터전을 의미한다. '악인들'(11절)은 법정에서 유죄 판결을 받는 사람들을 뜻한다. 심판이 얼마나 혹독한지 남은 자들이 금보다 귀하다(12절). 사람들 대부분이 죽을 것을 뜻한다. '오빌'의 위치는 확실하지 않으나 가장 귀중한 금으로 유명한 지역이었다(참조. 왕상 9:28; 욥 28:16). 남은 자들이 세상에서 가장 진귀한 금보다 더 귀해질 정도로 거의 모든 사람이 죽을 것이다.

5 총체적 심판의 모습을 어떻게 표현하고 있는가?(13:14-16)

a) 본인: 창과 칼에 엎드러진다.

b) 자녀: 메어침을 당해 미래가 없다.

c) 집: 재산을 노략당한다.

d) 아내: 수치와 정신적 충격을 받는다.

Tip

'쫓긴 노루, 모으는 자 없는 양'(14절)은 두 가지를 놓고 대조하는 표현이다. 노루는 사람의 '눈'이 있으면 도망가는 동물이다. 양 떼는 목자의 '눈'이 없으면 흩어지고 도망가는 동물이다. 즉 어떤 사람들은 하나님을 원수로 보고 도망가고, 어떤 사람들은 목자로서의 하나님을 잃어버리는 일을 경험할 것이다. 포괄적인 두려움과 혼돈을 의미한다. 총체적인 심판은 전쟁 중에만 일어날 수 있는 광범위한 노략과 약탈로 묘사되고 있다. 이 군대는 '피에 목마름'을 그대로 드러내는 잔인한 군대다. 여자들은 강간을 당하고, 아이들은 메어침을 당한다(16절). 메어침이란 고대 근동에서 종종 볼 수 있었던 아이들 살인 방법으로 아이를 자루에 넣어서 혹은 넣지 않고 바위에 내려치는 것이다.

V. 적용과 나눔

삶의 내비게이션(적용)

1 당신이 치밀하게 계획을 세워서 일을 진행했던 경험은 무엇이 있었는가?

관찰문제 1번 참고. 하나님이 군대를 징병하실 때는 이미 치밀한 계획을 세우시고 준비 속에서 이루어진 것을 암시한다. 여호와께서 하시는 일은 항상 치밀한 계획과 준비 속에서 이루어질 것을 생각하게 한다. 이 일에 하나님은 하나님이 사용할 군대를 모집하는데 구별된 자들이 이 징병에 응하는 것을 볼 수 있다. 이들은 전쟁을 위하여 특별히 예비된 자들이다. 우리의 사역도 많이 준비할수록 하나님이 확실하게 사용하실 것이다. 각자가 치밀하게 계획을 세워서 일을 진행했던 경험에 대해 이야기를 나누어 보도록 한다. 시험공부를 위해서 치밀한 계획을 세울 수도 있다. 취업을 위해서 철저하게 준비할 수도 있다. 프로

포즈를 위해서, 이사를 위해서, 여행을 위해서 치밀하고 철저하게 준비하는 사람들이 많다. 각자의 이야기를 나누어 보고, 준비를 했을 때와 하지 않았을 때의 차이점에 대해서도 서로 말해 보도록 한다.

2 현재의 자신의 오만하고 교만한 모습이 표현되는 것이 있다면 무엇인가?

관찰문제 4번 참고. 교만과 오만은 하나님을 진노하게 하는 죄다. 현재 우리의 신앙 상태를 점검해 보는 방법은 여러 가지가 있겠지만, 그 중 하나는 주님의 다시 오심을 즐겁게 맞을 준비가 되어 있는가, 아닌가로 추측할 수 있다. 각자가 현재 자신의 교만하고 오만한 모습이 표현되는 부분에 대해 이야기를 나누어 보도록 한다. 교만은 자랑하는 모습으로 나타날 수도 있다. 외모를 자랑하거나, 자식을 자랑하거나, 집이나 돈, 명품 같은 물질을 자랑할 수도 있다. 오만은 사람을 무시하거나, 반말을 하거나 욕하는 모습으로 나타날 수도 있다. 우리는 자신도 모른 채, 교만하고 오만하게 표현할 수 있지만 이것은 하나님이 악과 연결하여 심판받는 날에 심판의 대상이 될 수 있는 죄의 모습이다. 각자가 오만하고 교만한 모습의 이유에 대해 나누어 보고, 극복하는 방법에 대해서도 말해보도록 한다.

3 하나님의 노여움을 산다면 어느 부분이 가장 두려운가?

관찰문제 5번 참고. 하나님의 총체적인 심판의 모습을 보면 본인은 창과 칼에 죽음을 맞이하고, 자녀는 메어침을 당해 미래를 보장할 수 없다. 집과 재산은 노략을 당한다. 그의 아내는 수치와 정신적인 충격을 받는다. 각자 하나님의 노여움을 산다면 이 네 가지 부분 중에 어느 부분이 가장 두려운 부분인가 이야기를 나누어 보도록 한다. 어떤 이는 자신의 죽음이 가장 두려울 수도 있다. 자녀의 죽음으로 그 집안의 미래를 보장할 수 없는 것이 두려울 수도 있다. 집과 재산을 잃는 것이 가장 두려운 일일 수도 있다. 남편이나 아내 배우자의 수치와 정신적인 충격이 가장 두려운 일일 수 있다. 각자의 이야기를 나누어 보도록 한다. 그 이유에 대해서도 서로 말해보도록 한다.

Ⅵ. 마무리

기도로 마무리한다.
제2주 관찰문제를 예습해 오도록 한다.
실천과제를 제시한다.

생활의 아로마(실천)

예 1) 나의 오만하고 교만한 모습에 무엇이 있는지 돌아보고 일주일 동안 고치도록 한다.

- 반말, 자랑, 퉁명스러운 목소리, 틱틱거리기 등

제2주 교만의 최후

이사야 14:3-21

학습목표

하나님께 교만한 자의 최후를 알 수 있다.

KEYWORD 교만, 최후, 스올

Ⅰ. 찬양과 기도

Ⅱ. 지난주 실천과제 나눔

Ⅲ. 복습문제 풀이

복습

1 하나님의 심판은 누구에게 임하며, 그 심판의 정도를 표현하는 것은 무엇인가?(13:11-12)

a) 교만하고 오만한 자.

b) 남은 자가 오빌의 금보다 귀하게 할 것이다.

Ⅳ. 말씀 이사야 14:3-21을 다 함께 읽는다

14:3 여호와께서 너를 슬픔과 곤고와 및 네가 수고하는 고역에서 놓으시고 안식을 주

시는 날에 4 너는 바벨론 왕에 대하여 이 노래를 지어 이르기를
압제하던 자가 어찌 그리 그쳤으며
강포한 성이 어찌 그리 폐하였는고
5 여호와께서 악인의 몽둥이와
통치자의 규를 꺾으셨도다
6 그들이 분 내어 여러 민족을 치되
치기를 마지아니하였고
노하여 열방을 억압하여도
그 억압을 막을 자 없었더니
7 이제는 온 땅이 조용하고 평온하니
무리가 소리 높여 노래하는도다
8 향나무와 레바논의 백향목도
너로 말미암아 기뻐하여 이르기를
네가 넘어져 있은즉 올라와서
우리를 베어 버릴 자 없다 하는도다
9 아래의 스올이 너로 말미암아 소동하여
네가 오는 것을 영접하되
그것이 세상의 모든 영웅을
너로 말미암아 움직이게 하며
열방의 모든 왕을 그들의 왕좌에서 일어서게 하므로
10 그들은 다 네게 말하여 이르기를
너도 우리 같이 연약하게 되었느냐
너도 우리 같이 되었느냐 하리로다
11 네 영화가 스올에 떨어졌음이여
네 비파 소리까지로다
구더기가 네 아래에 깔림이여
지렁이가 너를 덮었도다
12 너 아침의 아들 계명성이여
어찌 그리 하늘에서 떨어졌으며
너 열국을 엎은 자여

어찌 그리 땅에 찍혔는고
13 네가 네 마음에 이르기를
내가 하늘에 올라
하나님의 뭇별 위에 내 자리를 높이리라
내가 북극 집회의 산 위에 앉으리라
14 가장 높은 구름에 올라가
지극히 높은 이와 같아지리라 하는도다
15 그러나 이제 네가 스올
곧 구덩이 맨 밑에 떨어짐을 당하리로다
16 너를 보는 이가 주목하여 너를 자세히 살펴 보며 말하기를
이 사람이 땅을 진동시키며 열국을 놀라게 하며
17 세계를 황무하게 하며 성읍을 파괴하며
그에게 사로잡힌 자들을 집으로 놓아 보내지 아니하던 자가 아니냐 하리로다
18 열방의 모든 왕들은 모두 각각 자기 집에서 영광 중에 자건마는
19 오직 너는 자기 무덤에서 내쫓겼으니
가증한 나무 가지 같고 칼에 찔려
돌구덩이에 떨어진 주검들에 둘러싸였으니 밟힌 시체와 같도다
20 네가 네 땅을 망하게 하였고 네 백성을 죽였으므로
그들과 함께 안장되지 못하나니
악을 행하는 자들의 후손은 영원히 이름이 불려지지 아니하리로다 할지니라
21 너희는 그들의 조상들의 죄악으로 말미암아
그의 자손 도륙하기를 준비하여 그들이 일어나 땅을 차지하여
성읍들로 세상을 가득하게 하지 못하게 하라

V. 관찰문제의 바른 답

말씀 돋보기(관찰)

1 세상은 바빌론 왕의 죽음에 어떻게 반응했는가?(14:7-8)

즐거워한다.

Tip 바빌론 왕이 죽은 것에 대하여 사람들이 즐거워한다(7절). 자연도 즐거워하고 있다(8절). 한 사람의 생애에 대한 평가는 그 사람의 장례식 때 어떤 애도의 분위기가 조성되는가로 엿볼 수 있다. 바빌론 왕이 죽자 조문객들은 슬픔에 젖는 것이 아니라 기쁨의 함성을 지른다. 그들의 함성 소리는 억압된 자들이 자유를 얻으므로 기뻐하며 부른 노래나.

본문은 죽음에 대해 몇 가지 사실을 제시하고 있다. 첫째, 죽은 자는 살아 있다. 사람이 죽으면 우주에서 사라지는 것이 아니라 다른 곳(스올)에서 그의 존재성이 계속 유지된다는 것이다(참조. 욥 3:11-19; 시 49:9). 그러므로 믿는 자들만 '부활'하는 것이 아니라 믿지 않는 사람들을 포함하여 모든 사람이 부활한다. 다만 어떤 이들은 영원한 벌을 받기 위하여 부활한다. 둘째, 죽은 사람들이 스올에 가면 서로 알아보며, 이 세상에서 지녔던 형태가 유지되는 면이 있다.

2 스올에서 바빌론 왕을 영접하는 자들은 누구이며, 어떻게 영접하는가?(14:9-10)

세상의 영웅들.

자신들의 자리에서 일제히 일어나 비웃고 경멸한다.

Tip 바빌론 왕의 죽음이 온 천하에 기쁨과 환희의 분위기를 조성하지만, 지하에서는 큰 소동을 일으킨다. 먼저 죽어 스올에 와 있던 세상의 영웅들이 그를 맞이한다(9절). 그들은 자신들의 자리에서 일어나 일제히 바빌론 왕을 맞는다. 이 왕들 중 상당수는 아마도 바빌론에 의하여 피해를 보거나 죽임을 당한 왕들일 것이다.

그런데 이들이 일어나서 바빌론 왕에게 존경이나 경의를 표하는 것이 아니라 오히려 그를 비웃고 경멸한다. 이 왕들의 '그림자들'(새번역: 망령)이 일어나 일제히 비아냥거리며 야유를 퍼붓는다. 바빌론 왕이 살아 있을 때는 그렇게 당당하고 거들먹거리며 세상의 영웅들과 왕들을 학대하더니 죽고 나서는 자기들처럼 힘없고 비참한 처지가 되었다는 것이다(10

절). 스올은 죽은 사람의 힘과 능력을 다 빼앗아가는 곳이지 더해 주는 곳이 아니다(9–10절). 우리는 이 세상에서 사는 동안 죽었을 때보다(스올에 머물 때보다) 훨씬 더 큰 능력을 지니고 있다.

3 하늘에서 떨어진 계명성이 마음에 품은 것은 무엇인가?(14:13–14)

지극히 높은 이와 같아지려 했다.

Tip 계명성은 '북극 집회의 산'에 앉기를 원하는데, 이 산은 당시 가나안 신화에서 신들이 모여 있는 곳으로 알려져 있다. 선지자는 이 계명성이 더 교만해져서 '지극히 높으신 이'와 동등한 위치를 차지하려 한다고 한다. 고대 근동의 신화들은 신들이 신(들)을 대적한다. 반면 본문은 인간(인간의 교만)이 하나님을 대적한다. 즉 신화에 나오는 신들간의 전쟁이 아니라 창조주와 피조물의 대립을 의미한다.

4 가장 높은 곳을 지향하던 바빌론 왕이 떨어진 곳은 어디인가?(14:15)

스올의 가장 깊은 곳.

Tip 그렇게 높은 곳을 지향하던 바빌론 왕이 스올의 가장 '깊은 곳'으로 떨어졌다(15절). 신들이 모여 있는 산의 가장 '높은 곳'을 추구하던 자가 스올의 가장 '낮은 곳'으로 떨어진 것이다. 교만한 사람의 종말이다. 한때는 '땅을 진동시키고, 열국을 놀라게 하며, 세계를 황폐하게 하고, 성읍을 파괴하며, 포로를 돌려보내지 않던 자'(16–17절)가 이제는 비웃음거리밖에 되지 않는다. 여기서 구덩이는 가장 낮은 모습을 나타낸다.

5 바빌론 왕의 죽음과 다른 왕의 장례식의 차이는 무엇이며, 그 이유는 무엇인가?(14:19–20)

a) 무덤이 없다.

b) 밟힌 시체와 같다.

c) 자손들까지 죽임을 당한다.

이유: 왕이 교만하여 남에게 못할 짓을 했기 때문이다.

Tip

인간의 교만(바빌론 왕)은 비참한 종말을 맞는다. 바빌론 왕에 의하여 살해된 자들도 모두 장례식과 무덤은 제대로 갖추었는데(18절), 반면에 바빌론 왕의 종말은 자신이 살해했던 자들의 모습보다 더 초라하고 비참하다. 무덤 하나 없기 때문이다. 고대 근동에서 시체가 무덤에 묻히지 못하고 버려지는 것은 죽은 사람에게 최고의 수치라고 여겼다. 선지자는 바빌론 왕의 시체는 무덤에 안치되지 않을 것이라고 한다. '무덤에서 내쫓겼으니'(19절)의 의미는 '무덤도 없이 내팽개쳐졌고' 혹은 '무덤도 없이 오물같이 버려져'(새번역)로 해석할 수 있다.

바빌론 왕은 모든 사람들이 갖는 무덤도 없을 것이다. 한때 세상을 호령하던 바빌론 왕이 비참한 종말을 맞는 이유는 간단하다. 남에게 못할 짓을 했기 때문이다(참조. 20절). 왕의 교만이 자기 나라와 백성을 망쳤던 것이다. 그의 자손마저 끊긴다. 대체로 세상은 죽은 자들의 이름을 기억하며 그들을 기념한다. 그러나 이 경우에는 세상이 되도록 빨리 그를 잊고 싶어 한다. 그러므로 그의 이름을 완전히 지우기 위하여 그의 자손들까지도 죽이는 이미지를 묘사하고 있다.

VI. 적용과 나눔

삶의 내비게이션(적용)

1 당신이 지금까지 주변에서 본 교만한 자들의 특징이나 공통점은 무엇이 있는가?

관찰문제 3번 참고. 바빌론 왕은 자신의 위치를 신들과 동일시하고 있다. 하나님께서 열국을 심판하는 진노의 막대기로 바빌론을 사용하셨는데, 바빌론 왕은 자신을 스스로 높여 신의 위치에 놓는다. 각자가 주변에서 본 교만한 자들에 대해 이야기를 나누어 보도록 하자. 그들의 공통점은 무엇인가 찾아보도록 하자. 교만한 자들은 하나님이 없다고 한다. 교만한 자들은 하나님을 믿느니 내 주먹을 믿겠다고 한다. 교만한 자들은 자신의 말만 옳기 때문에 누구의 말도 듣지 않는다. 교만한 자들은 다른 사람에게 함부로 대한다. 교만한 자들의 공통점을 찾고, 각자 어디에 속하는지에 대해서도 살펴보는 시간을 갖도록 한다.

2 바빌론 왕의 가장 큰 죄는 창조주와 자신을 동등한 위치에 놓은 것이다. 당신이 주도권을 놓지 못하고 있는 것은 무엇인가?

관찰문제 3번 참고. 바빌론 왕은 자기가 세상의 으뜸이 되는 것이 당연하다고 생각했다. 고대 근동에서는 죽은 왕들을 신격화하였고, 신과 인간의 차이가 그리 크지 않았던 점을 감안하면 충분히 이해가 간다. 그러나 이사야는 "당신은 자신의 삶에서 창조주에게 합당한 자리를 내어줄 것인가? 아니면 끝까지 인간의 교만이 당신의 삶을 지배하게 할 것인가?"라고 질문하고 있다. 각자가 주도권을 놓지 못하는 부분에 대해 이야기를 나누어 보도록 한다. 다 용납할 수 있는데 이것만은 내 뜻대로 하고 싶다고 생각하는 것들에 대해 말해 보도록 한다.

예) 물질(집안의 경제권), 자녀, 진로, 배우자 선택, 직업 선택, 친구 등.

3 만일 당신이 죽으면, 사람들이 당신의 어떤 부분을 기억해 주기를 원하는가?

관찰문제 5번 참고. 바빌론 왕이 죽자 세상의 사람들은 즐거워하고, 스올에서는 그를 비웃고 경멸한다. 만일 당신이 죽는다면 사람들은 어떻게 반응할 것인가 생각해 보도록 하자. 그리고 어떻게 기억해 주기를 원하는가에 대해서 말해 보도록 하자. 각자의 이름 앞에 형용사를 넣어 보는 시간을 갖도록 한다.

____________ 홍길동 이곳에 잠들다.

예) 신실한 홍길동
아름다운 홍길동
사랑스러운 홍길동 등

Ⅶ. 마무리

기도로 마무리한다.
제3주 관찰문제를 예습해 오도록 한다.
실천과제를 제시한다.

생활의 아로마(실천)

예 1) 혹시 자신이 교만한 사람의 특징을 갖고 있는지 찾아서 바꾸고, 스스로 조심하도록 한다.

2) 내가 가진 주도권에서 하나님의 위치를 다시 한번 확인하도록 한다.

제3주 세상이 완전히 파괴될지라도

이사야 24:1–23

학습목표

세상이 완전히 파괴될지라도 하나님을 찬양할 수 있다는 사실을 알 수 있다.

KEYWORD **심판, 남은 자, 찬양**

Ⅰ. 찬양과 기도

Ⅱ. 지난주 실천과제 나눔

Ⅲ. 복습문제 풀이

복습

1 바빌론 왕의 죽음과 다른 왕의 장례식의 차이는 무엇이며, 그 이유는 무엇인가?(14:19–20)

a) 무덤이 없다. b) 밟힌 시체와 같다.

c) 자손들까지 죽임을 당한다.

이유: 왕이 교만하여 남에게 못할 짓을 했기 때문이다.

건너뛴 장 내용 요약 : 13장– 23장 열방 심판

13장 바빌론과 왕　　14장 블레셋

15장–16장 모압　　17장–18장 시리아와 에티오피아

19장–20장 이집트 | 21장 해변광야, 두마와 아라비아
22장 환상의 골짜기 | 23장 두로

Ⅳ. 말씀 이사야 24:1–23을 다 함께 읽는다

24:1 보라 여호와께서 땅을 공허하게 하시며 황폐하게 하시며
지면을 뒤집어엎으시고 그 주민을 흩으시리니
2 백성과 제사장이 같을 것이며
종과 상전이 같을 것이며
여종과 여주인이 같을 것이며
사는 자와 파는 자가 같을 것이며
빌려 주는 자와 빌리는 자가 같을 것이며
이자를 받는 자와 이자를 내는 자가 같을 것이라
3 땅이 온전히 공허하게 되고
온전히 황무하게 되리라
여호와께서 이 말씀을 하셨느니라
4 땅이 슬퍼하고 쇠잔하며
세계가 쇠약하고 쇠잔하며
세상 백성 중에 높은 자가 쇠약하며
5 땅이 또한 그 주민 아래서 더럽게 되었으니
이는 그들이 율법을 범하며
율례를 어기며
영원한 언약을 깨뜨렸음이라
6 그러므로 저주가 땅을 삼켰고
그중에 사는 자들이 정죄함을 당하였고
땅의 주민이 불타서 남은 자가 적도다
7 새 포도즙이 슬퍼하고
포도나무가 쇠잔하며
마음이 즐겁던 자가 다 탄식하며

8 소고 치는 기쁨이 그치고
즐거워하는 자의 소리가 끊어지고
수금 타는 기쁨이 그쳤으며
9 노래하면서 포도주를 마시지 못하고
독주는 그 마시는 자에게 쓰게 될 것이라
10 약탈을 당한 성읍이 허물어지고
집마다 닫혀서 들어가는 자가 없으며
11 포도주가 없으므로
거리에서 부르짖으며
모든 즐거움이 사라졌으며
땅의 기쁨이 소멸되었도다
12 성읍이 황무하고
성문이 파괴되었느니라
13 세계 민족 중에 이러한 일이 있으리니
곧 감람나무를 흔듦 같고
포도를 거둔 후에 그 남은 것을 주움 같을 것이니라
14 무리가 소리를 높여 부를 것이며
여호와의 위엄으로 말미암아
바다에서부터 크게 외치리니
15 그러므로 너희가 동방에서
여호와를 영화롭게 하며
바다 모든 섬에서
이스라엘의 하나님 여호와의 이름을 영화롭게 할 것이라
16 땅 끝에서부터
노래하는 소리가 우리에게 들리기를
의로우신 이에게 영광을 돌리세 하도다
그러나 나는 이르기를 나는 쇠잔하였고 나는 쇠잔하였으니
내게 화가 있도다
배신자들은 배신하고 배신자들이 크게 배신하였도다
17 땅의 주민아

두려움과 함정과 올무가 네게 이르렀나니
18 두려운 소리로 말미암아
도망하는 자는 함정에 빠지겠고
함정 속에서 올라오는 자는 올무에 걸리리니
이는 위에 있는 문이 열리고
땅의 기초가 진동함이라
19 땅이 깨지고 깨지며
땅이 갈라지고 갈라지며
땅이 흔들리고 흔들리며
20 땅이 취한 자 같이 비틀비틀하며
원두막 같이 흔들리며
그 위의 죄악이 중하므로
떨어져서 다시는 일어나지 못하리라
21 그날에 여호와께서
높은 데에서 높은 군대를 벌하시며
땅에서 땅의 왕들을 벌하시리니
22 그들이 죄수가 깊은 옥에 모임같이 모이게 되고
옥에 갇혔다가 여러 날 후에 형벌을 받을 것이라
23 그때에 달이 수치를 당하고
해가 부끄러워하리니
이는 만군의 여호와께서 시온 산과 예루살렘에서
왕이 되시고 그 장로들 앞에서
영광을 나타내실 것임이라

V. 관찰문제의 바른 답

말씀 돋보기(관찰)

1 선지자가 세상의 완전한 파괴를 강조하기 위해 사용한 단어는 무엇

인가?(24:1,3)

공허, 황폐, 황무

Tip 선지자는 앞으로 세상이 얼마나 황폐하게 될 것인가를 강조하기 위하여 '[텅]비다'라는 어원을 1, 3절에서 반복해 사용하고 있다. 개역 한글이 '온전히' 공허하게 되고… '온전히 황무하게'라고 말한 3절에서 선지자가 구상하는 이미지는 아주 커다란 물이 온 땅을 휩쓸고 갔던 노아의 홍수를 방불케 한다. 노아 시대에 임한 혹독한 심판을 연상케 한다. 드디어 온 인류의 종말이 오고 있다고 선지자는 경고하는 것이다.

2 이 세상이 하나님의 심판을 받게 된 세 가지 이유는 무엇인가?(24:5)

a) 율법을 범했다.

b) 율법을 어겼다.

c) 영원한 언약을 깼다.

Tip 세상이 하나님의 심판을 받게 된 것은 그 땅에 사는 사람들이 세 가지 행위로 땅을 더럽혔기 때문이다(5절). 첫째, 그들은 '율법을 범했다.' 여기서 율법은 시내 산에서 모세를 통하여 이스라엘에게 주신 말씀을 뜻하는 것이 아니라, 하나님이 인간을 포함한 온 세상 만물들에게 주신 삶의 원리를 의미한다. 자연의 이치가 여기에 속한다. 둘째, 그들은 '율법을 어겼다.' 이 말씀은 이미 '선포된 것'을 새로운 것으로 대체한다는 뜻을 지니고 있다. 인간의 죄는 하나님의 뜻을 거역하는 데서 멈추지 않고 한 걸음 더 나아가 영원히 지켜져야 할 윤리를 인간 자신의 지혜로 만들어 경건치 못한 '새로운 윤리'로 대체한 것이다. 선지자는 인류가 양심을 저버리는 짓들을 하고 있다고 비난하고 있다. 셋째, 그들은 '영원한 언약을 깼다.' '깬다'는 개념은 거스르거나 어기는 것보다 강하고 반역적인 뉘앙스를 지니고 있다. 다른 개념들이 어느 정도 본의가 아닌 과실의 면모를 지니고 있다면 이 개념은 의도적으로 삶의 원리와 언약을 거부하는 행위를 강조한다.

3 하나님의 심판이 임하면 제일 먼저 사라지는 것은 무엇인가?(24:7–13)

즐거움, 기쁨

Tip 하나님의 심판이 시작되면 세상의 모든 축제와 즐거움이 멈추게 된다. 인간은 세상이 주는 기쁨과 즐거움이 영원할 것이라는 착각 속에 살아가지만 선지자는 분명히 경고하고 있다. 이 모든 '기쁨'이 사라질 날이 온다는 것이다. 본문은 인간이 죄가 어떻게 삶의 즐거움을 파괴하고(7절), 쾌락의 체험을 앗아갔으며(8–9절), 환희 자체를 없애 버렸고(11절), 오직 좌절과 슬픔만 남게 한다는 것(10, 12, 13절)을 묘사한다.

4 남은 자들의 특징은 무엇인가?(24:14–16a)

심판을 받아도 하나님을 찬양한다.

Tip 하나님의 심판으로 세상의 노래가 사라졌지만 새로운 종류의 노래가 울려 퍼지는데 바로 남은 자들의 노래다. 남은 자들의 찬양은 그들이 처한 상황에 의한 것이 아니다. 그들의 형편은 여전히 어렵고 힘들지만 하나님을 찬양하는 것이다. 여호와를 찬양하는 새 노래는 동서양을 막론하고 세상 곳곳에서 울려 퍼지고 있다. 서쪽에서는 주의 크신 위엄을 노래하고, 동쪽에서는 주의 영광을 노래하며, 섬에서는 하나님의 이름을 찬양한다(14–15절). 이름을 찬양한다는 것은 곧 그의 인격을 찬양한다는 의미다. 남은 자들이 그들의 구원자이신 하나님의 인품을 찬양하는 것은 당연한 일이기 때문이다.

5 하나님이 심판하실 때 나타나는 현상은 무엇인가?(24:23)

눈부신 하나님의 영광을 보게 된다.

Tip 하늘에 있는 악한 세력이 심판을 받자 세상에서 그들과 동맹하여 하나님을 대적하던 인간 왕들도 심판을 받는다(21b절). 그러나 이들을 즉결 심판에 회부하지는 않으시고, 한동안 감옥에 가두어 두었다가 벌하실 것이다(22절). 하나님이 이들을 최종적으로 심판하실 때까지 어느 정도의 시간이 흐른다는 것을 뜻한다. 선지자에 의하면 여호와의 세상 통치는 시온에서 비롯되며 장로들을 포함한 모든 사람들이 그의 영광을 보게 될 것이다(23절). 하나님의 영광이 얼마나 눈이 부시고 밝은지 해와 달의 위력이 그의 영광 앞에서 제구실을 못하게 될 것이다. 달은 볼 낯이 없어하고, 해는 부끄러워한다. 고대 근동에서 해와 달이 우상들로 숭배되었던 점을 감안하면 이 말씀은 우상들이 수치를 당할 것을 뜻하는 것으로 해석되기도 한다.

VI. 적용과 나눔

삶의 내비게이션(적용)

1 하나님이 이 세상을 심판하시는 이유는 율법을 어겼기 때문이다. 당신은 철없는 시절 어디까지 반항해 보았는가?

관찰문제 2번 참고. 하나님이 세상을 심판하시는 이유는 그들이 율법을 범했기 때문이며, 그들이 율법을 어겼기 때문이다. 또한 그들이 영원한 언약을 깼기 때문이다. 각자가 이 세 가지 중 어디까지 반항해 보았는지 이야기를 나누어 보도록 한다. 하나님보다 먼저 육신의 부모에게 어디까지 반항했는가 이야기를 나누어 본다. 물론 모두가 반항을 하지는 않는다. 알아서 자제하는 사람도 있을 것이다. 인도자는 자유롭게 이야기를 나눌 수 있도록 돕는다.

2 하나님이 세상을 심판하시자 먼저 사라지는 것은 즐거움과 기쁨이다. 당신에게 사라진 즐거움은 무엇인가?

관찰문제 3번 참고. 하나님이 세상을 심판하시자 먼저 사라지는 것은 즐거움과 기쁨이다. 각자가 가장 즐거울 때, 기쁠 때는 언제인가 이야기를 나누어 본다. 그리고 현재 가장 즐거움을 누리지 못하는 영역에 대해서도 서로 말해 보도록 한다. 어떤 이는 식욕이 없다고 할 수도 있다. 어떤 이는 잠을 못 잔다고 할 수도 있다. 집안에서 언젠가부터 웃음이 없어졌다고 할 수도 있다. 나만의 시간이 없다고 할 수도 있다. 그밖에 실업이나 이혼으로 인해 즐거움이 사라졌다고 할 수도 있다. 각자의 이야기를 나누어 보도록 하자. 어렸을 때와 현재를 비교하여 이야기를 나누어 보는 것도 좋다. 어렸을 때 뛰어놀았을 때의 기쁨과 즐거움, 재미있었던 기억에 대해 이야기를 나누어 보고, 그에 비해 지금은 사라진 것에 대해 이야기를 나누어 보도록 한다.

3 남은 자들이 하나님을 찬양하는 근거는 14–16절에 있는데 당신이 하나님을 찬양하는 근거는 무엇인가?

관찰문제 4번 참고. 남은 자들의 찬양은 결코 상황의 변화로 인한 찬양이 아니다. 여전히 어려움 속에 있고, 부족한 것이 많고, 불편한 것이 많은 상황이지만 그들은 찬양한다. 그들의 찬양은 절망 속에서 하는 찬양이며, 그럼에도 불구하고 하는 찬양이다. 세상 사람과 남은 자의 차이는 바로 삶의 관점이다. 여건과 형편과 상관없는 찬양을 드릴 수 있는 것이 남은 자들의 특징이다. 이것은 관심을 나에게서 하나님께로 돌리면 가능한 일이다. 각자가 하나님을 찬양하는 근거는 무엇인지에 대해 이야기를 나누어 보도록 한다. 나에게 베풀어 주신 은혜에 대한 찬양, 왕이신 하나님께 찬양, 지금 이루어지지 않았지만 이루어 주실 하나님을 찬양, 그리 아니하실지라도 찬양, 그럼에도 불구하고 찬양!

Ⅶ. 마무리

기도로 마무리한다.
제4주 관찰문제를 예습해 오도록 한다.
실천과제를 제시한다.

생활의 아로마(실천)

예 1) 일주일 동안 영혼이 쇠잔하지 않도록 생수(말씀)를 꾸준히 공급하도록 한다.

2) 힘든 상황이라면 문제에 초점을 두기보다, 하나님께 초점을 두어 찬양에 집중하도록 한다.

제4주 기다림의 축복

이사야 25:1–9

학습목표

하나님의 심판을 기다리는 자들에게는 축복으로 임한다는 사실을 알 수 있다.

KEYWORD **심판, 잔치, 부활**

I. 찬양과 기도

II. 지난주 실천과제 나눔

III. 복습문제 풀이

복습

1 이 세상이 하나님의 심판을 받게 된 세 가지 이유는 무엇인가?(24:5)

a) 율법을 범했다.

b) 율법을 어겼다.

c) 영원한 언약을 깼다.

Ⅳ. 말씀 이사야 25:1-9을 다 함께 읽는다

25:1 여호와여 주는 나의 하나님이시라
내가 주를 높이고 주의 이름을 찬송하오리니
주는 기사를 옛적에 정하신 뜻대로
성실함과 진실함으로 행하셨음이라
2 주께서 성읍을 돌무더기로 만드시며
견고한 성읍을 황폐하게 하시며
외인의 궁성을 성읍이 되지 못하게 하사
영원히 건설되지 못하게 하셨으므로
3 강한 민족이 주를 영화롭게 하며
포학한 나라들의 성읍이 주를 경외하리이다
4 주는 포학자의 기세가 성벽을 치는 폭풍과 같을 때에
빈궁한 자의 요새이시며
환난당한 가난한 자의 요새이시며
폭풍 중의 피난처시며
폭양을 피하는 그늘이 되셨사오니
5 마른 땅에 폭양을 제함같이
주께서 이방인의 소란을 그치게 하시며
폭양을 구름으로 가림같이
포학한 자의 노래를 낮추시리이다
6 만군의 여호와께서 이 산에서
만민을 위하여 기름진 것과
오래 저장하였던 포도주로 연회를 베푸시리니
곧 골수가 가득한 기름진 것과
오래 저장하였던 맑은 포도주로 하실 것이며
7 또 이 산에서 모든 민족의 얼굴을 가린
가리개와 열방 위에 덮인 덮개를 제하시며
8 사망을 영원히 멸하실 것이라
주 여호와께서 모든 얼굴에서 눈물을 씻기시며

자기 백성의 수치를 온 천하에서 제하시리라
여호와께서 이같이 말씀하셨느니라
9 그날에 말하기를
이는 우리의 하나님이시라
우리가 그를 기다렸으니
그가 우리를 구원하시리로다
이는 여호와시라
우리가 그를 기다렸으니
우리는 그의 구원을 기뻐하며 즐거워하리라 할 것이며

V. 관찰문제의 바른 답

말씀 돋보기(관찰)

1 이사야의 역사관을 엿볼 수 있는 말씀은 무엇인가?(25:1)

역사는 우연의 연속이 아니라 하나님이 처음부터 계획하신 대로 모든 일이 진행되어 가는 무대다.

Tip

"옛적 정하신 뜻대로 성실함과 진실함으로 행하셨습니다"라는 고백에서 우리는 이사야의 역사관을 엿볼 수 있다. 역사는 우연의 연속이 아니다. 역사는 하나님이 처음부터 계획하신 대로 모든 일이 진행되어 가는 무대에 불과하다. 그러므로 하나님의 백성들은 아무리 암울한 순간에도 좌절할 필요가 없다. 역사의 주인이신 여호와가 그들의 주님이시기 때문이다. 이 고백은 사람이 아무리 계획을 세워도 결국 하나님의 계획대로 모든 일이 전개된다는 사실을 강조하고 있다(잠 16:9).

2 하나님이 도시를 파괴하신 일은 어떤 결과를 초래하는가?(25:2-3)

모든 민족이 여호와를 두려워하게 된다.

Tip

모든 민족이 여호와를 두려워하게 된다(3절). 드디어 그들이 하나님의 능력을 인정하게 된 것이다. 하나님이 왜 성읍들을 심판하셔야 하는가에 대한 답이 바로 이것이다. 힘과 능력을 가장 중요한 것들로 생각하고 지향하는 사회를 깨닫게 하는 유일한 방법은 더 큰 힘과 능력을 지닌 자가 그들을 굴복시키는 것이다. 그러므로 하나님은 세상의 힘있는 자들의 기세를 꺾으신다. 인간이 하나님 앞에서 교만하고 업적을 과시하는 것은 자신의 종말을 부추기는 일이다. 심판의 목적은 하나님을 경외하기 위함이다. 그러므로 파괴가 끝이 아니라 그 다음을 목적으로 두신다.

3 하나님의 심판을 반기는 부류는 누구인가?(25:4)

소외당하고 억압당했던 사람들.

Tip

하나님의 파괴는 다른 부류의 사람들의 찬송의 대상이 된다(4절). 사회에서 소외당하고 억압당했던 사람들이 드디어 속박의 굴레를 벗어나게 된다. 그들은 흉악하고 포악한 자들의 기세에 눌려 숨을 죽이고 살아왔다. 그러나 포학한 자들의 기세는 하나님에 의하여 완전히 꺾인다. 모든 풀을 순식간에 말려 버리는 사막의 열기와도 같고, 성벽을 무너뜨리는 폭풍과 같은 악한 자들의 폭행이 하나님 앞에서 잠잠하게 되었다(4b–5절). 그러므로 악한 자들의 세력을 꺾으시므로 간접적으로 약한 자들의 요새가 되시는 것이다. 흉악한 자들의 폭풍우에서 피할 수 있는 피난처가 되시고, 생기를 마르게 하는 악인들의 뙤약볕을 막는 그늘이 되어 주신다.

4 하나님의 임재를 기다리던 자들을 위한 잔치는 어떤 모습인가?(25:6–8)

a) 잘 먹이신다. – 육체의 회복

b) 수치와 수모를 제거하신다. – 명예의 회복

c) 영원히 살게 하신다. – 영생의 선물

Tip

하나님은 잔치에 임한 이들에게 세 가지를 행하신다.

첫째, 하나님이 가장 좋은 음식을 넉넉히 준비하셔서 이들을 풍요롭게 먹이신다(6절). 세상에는 더 이상 마실 포도주가 남아 있지 않지만(24:7),

하나님의 산에는 질 좋은 포도주가 넘쳐흐르고, 제일 좋은 살코기가 쌓여 있다. 둘째, 하나님의 백성들의 모든 슬픔과 수치를 말끔히 씻어 주신다(7–8절). 백성들이 입고 있는 수모의 옷을 찢어 벗기시고, 그들의 얼굴에서 눈물을 말끔히 닦아 주신다. 셋째, 무엇보다도 감격스러운 것은 죽음이 더 이상 이들을 지배하지 못하도록 하나님이 죽음을 멸하실 것이다(8절). 인간을 가장 두렵게 만드는 것이 죽음이다. 특히 내세에 대하여 아는 바가 없었던 고대 사회에서 죽음의 권세는 한마디로 압도적이었다. 그러나 하나님이 이들을 죽음의 공포에서 자유하게 하신 것이다. 그러므로 이들은 하나님의 특별한 대접을 받게 될 뿐만 아니라 죽음의 굴레에서 벗어나는 참자유를 누리게 된다.

5 죽음의 속박에서 자유를 얻은 자들의 찬송의 주제는 무엇인가?(25:9)

감격의 노래

Tip 극진한 대우를 받고 죽음의 속박에서 자유하게 된 백성들이 감격의 노래를 부른다(9절). 그들의 노래의 주제는 '자신들이 어떻게 여호와를 의지하며 그분을 기다렸는가'이며, 하나님은 그 반응으로 '어떻게 그들에게 적절한 구원을 베푸셨는가'이다. 이 구절이 강조하는 것은 하나님의 구원을 입은 사람들이 매우 오랫동안 주님만을 바라며 구원을 기다려 왔다는 사실이다.

Ⅵ. 적용과 나눔

삶의 내비게이션(적용)

1 당신이 속박된 것에서 자유를 얻은 경험은 무엇이 있는가?

관찰문제 5번 참고. 하나님의 구원을 입은 사람들은 오랫동안 주님만을 바라며 구원을 기다려 왔다. 요즘같이 모든 것이 순식간에 진행되는 것에 익숙해진 세대에게는 매우 도전적인 일이다. 인간을 가장 두렵게 만드는 것이 죽음인데 하나님은 이 죽음의 공포에서 자유를 주신다. 각자가 속박된 것에서 자유를 경험한 이야기를 나누어 보도록 한다. 학생들은 시험이 끝나면 자유를 느낀다. 고3이라면 대학입시를 마치면 자유를 경험하게 된다. 취업을 준비하고 있다면 합격과 동시에 그동안 취업을 준비하면서 느낀 설움과 아픔의 속박에서 자유를 느낄 수 있다. 미혼이라면 결혼해야 한다는 압박에서 결혼을 통해 자유를 얻을 수 있다. 오랜 직장생활을 한 사람은 은퇴 후에 자유를 느낄 수 있다. 자녀들이 모두 출가한 후에 자유를 느낄 수도 있다. 각자가 자유를 얻은 경험을 말해 보도록 한다.

2 주님의 백성은 간절히 기다림으로 보상을 받았다. 지금 가장 기다리는 하나님의 은혜는 무엇인가?

관찰문제 4번 참고. 주의 백성이 간절히 기다림으로 받은 보상은 하나님이 가장 좋은 음식을 넉넉히 준비하셔서 풍요롭게 먹이시는 것이 첫 번째다. 두 번째는 하나님이 백성들의 모든 슬픔과 수치를 말끔히 씻어 주신다. 수모의 옷을 벗기시고, 눈물을 닦아 주신다. 세 번째는 죽음이 더 이상 주의 백성을 지배하지 못하도록 죽음을 멸하신다. 잘 먹이시는 것은 육체의 회복을 의미하며, 수치와 수모를 제거하시는 것은 명예 회복을 의미한다. 영원히 살게 하시는 것은 영생의 선물을 의미한다. 각자가 가장 바라는 하나님의 은혜에 대해 이야기를 나누어 보도록 한다. 그리고 위의 세 가지(육체의 회복, 명예 회복, 영생의 선물) 중에서 무엇을 가장 바라는가에 대해서도 서로 말해 보도록 한다.

3 하나님의 심판이 임한다면 당신은 피하고 싶은가? 반기고 싶은가?

관찰문제 3번 참고. 하나님의 심판은 악한 자들의 세력을 꺾으시므로 간접적으로 약한 자들의 요새가 되신다. 이것은 하나님의 심판이 위로와 파괴의 양면성을 가지고 있기 때문이다. 흉악한 자들의 폭풍우에서 피할 수 있는 피난처가 되시고, 생기를 마르게 하는 악인들의 뙤약볕을 막는 그늘이 되어 주신다. 각자에게 하나님의 심판이 지금 임한다면 어떻게 할 것인가에 대해 이야기를 나누어 보도록 한다. 심판은 모두에게 동일하게 임하지만 어떤 이에게는 찬양이 될 수 있고, 어떤 이에게는 울음이 될 수 있다. 만일 피하고 싶다면 그 이유에 대해 말해 보도록 하고, 하나님의 심판을 반기기 위해서 필요한 것에 대해서도 이야기를 나누어 보도록 한다.

Ⅶ. 마무리

기도로 마무리한다.
제5주 관찰문제를 예습해 오도록 한다.
실천과제를 제시한다.

생활의 아로마(실천)

예 1) 심판을 피하고 싶다면 무엇 때문인지를 파악하고 돌이키도록 한다.
2) 현재 가장 힘든 기다림을 멈추지 않고 은혜 베푸시기를 기도한다.

제5주 영원한 보호막

이사야 26:1-19

학습목표

하나님께서 심판의 때에 의인들을 보호하신다는 사실을 알 수 있다.

KEYWORD **성벽, 이루심, 부활**

Ⅰ. 찬양과 기도

Ⅱ. 지난주 실천과제 나눔

Ⅲ. 복습문제 풀이

복습

1 하나님의 임재를 기다리던 자들을 위한 잔치는 어떤 모습인가?(25:6-8)

a) 잘 먹이신다.

b) 수치와 수모를 제거하신다.

c) 영원히 살게 하신다.

Ⅳ. 말씀 이사야 26:1-19을 다 함께 읽는다

26:1 그날에 유다 땅에서 이 노래를 부르리라

우리에게 견고한 성읍이 있음이여
여호와께서 구원을 성벽과 외벽으로 삼으시리로다
2 너희는 문들을 열고
신의를 지키는 의로운 나라가 들어오게 할지어다
3 주께서 심지가 견고한 자를
평강하고 평강하도록 지키시리니
이는 그가 주를 신뢰함이니이다
4 너희는 여호와를 영원히 신뢰하라
주 여호와는 영원한 반석이심이로다
5 높은 데에 거주하는 자를 낮추시며
솟은 성을 헐어 땅에 엎으시되
진토에 미치게 하셨도다
6 발이 그것을 밟으리니
곧 빈궁한 자의 발과
곤핍한 자의 걸음이리로다
7 의인의 길은 정직함이여
정직하신 주께서 의인의 첩경을 평탄하게 하시도다
8 여호와여
주께서 심판하시는 길에서
우리가 주를 기다렸사오며
주의 이름을 위하여 또 주를 기억하려고
우리 영혼이 사모하나이다
9 밤에 내 영혼이 주를 사모하였사온즉
내 중심이 주를 간절히 구하오리니
이는 주께서 땅에서 심판하시는 때에
세계의 거민이 의를 배움이니이다
10 악인은 은총을 입을지라도
의를 배우지 아니하며
정직한 자의 땅에서 불의를 행하고
여호와의 위엄을 돌아보지 아니하는도다

[11] 여호와여

주의 손이 높이 들릴지라도 그들이 보지 아니하오나

백성을 위하시는 주의 열성을 보면 부끄러워할 것이라

불이 주의 대적들을 사르리이다

[12] 여호와여

주께서 우리를 위하여 평강을 베푸시오리니

주께서 우리의 모든 일도

우리를 위하여 이루심이니이다

[13] 여호와 우리 하나님이시여

주 외에 다른 주들이 우리를 관할하였사오나

우리는 주만 의지하고 주의 이름을 부르리이다

[14] 그들은 죽었은즉 다시 살지 못하겠고

사망하였은즉 일어나지 못할 것이니

이는 주께서 벌하여 그들을 멸하사

그들의 모든 기억을 없이하셨음이니이다

[15] 여호와여

주께서 이 나라를 더 크게 하셨고

이 나라를 더 크게 하셨나이다

스스로 영광을 얻으시고

이 땅의 모든 경계를 확장하셨나이다

[16] 여호와여

그들이 환난 중에 주를 앙모하였사오며

주의 징벌이 그들에게 임할 때에

그들이 간절히 주께 기도하였나이다

[17] 여호와여

잉태한 여인이 산기가 임박하여

산고를 겪으며 부르짖음같이

우리가 주 앞에서 그와 같으니이다

[18] 우리가 잉태하고 산고를 당하였을지라도

바람을 낳은 것 같아서

땅에 구원을 베풀지 못하였고
세계의 거민을 출산하지 못하였나이다
19 주의 죽은 자들은 살아나고
그들의 시체들은 일어나리이다
티끌에 누운 자들아
너희는 깨어 노래하라
주의 이슬은 빛난 이슬이니
땅이 죽은 자들을 내놓으리로다

V. 관찰문제의 바른 답

말씀 돋보기(관찰)

1 의인이 경험하는 하나님의 구원은 어떻게 표현되었으며, 그것은 무엇을 의미하는가?(26:1-4)

a) 성벽, 외벽, 평강과 평화, 영원한 반석.

b) 하나님의 구원.

Tip

하나님이 그들의 방어벽이 되어서 그들을 구원하실 것이다(1절). 물리적인 방어벽과 상관없이 하나님이 보이지 않는 보호막을 치셔서 그의 남은 자들을 보호하셨다는 의미다. 구원은 인간의 노력이나 방어력에 의한 것이 아니라, 오직 하나님의 보이지 않는 보호막에 의한 것임을 말한다. 또한 선지자는 이 구원의 방어벽의 문들을 활짝 열어 세상의 모든 의로운 사람들을 들여보내라고 노래한다. 여호와의 전에 들어갈 수 있는 조건은 의식적 순결이 아니라 도덕적 삶이라는 것을 강조한다. 하나님은 의롭거나 의롭게 살려고 노력하는 자들을 품으시는 것이다. 하나님께 이런 의인들에게 '완전한 평강'을 달라고 기도한다(3절). 이 세상의 그 무엇도 줄 수 없는 진정한 평화를 강조하기 위하여 그는 '평강, 평강'을 외치고 있다.

2 교만한 자는 어떻게 하시는가?(26:5–6)

낮아지고, 무너지고, 밟힌다.

Tip 의인들에게는 보호막의 성벽이 되어 주셨던 하나님이 악인들은 특히 인간의 교만이 쌓아 올린 것들은 모두 주저앉게 하신다(5절). 그리고 이 교만한 자들이 그들이 억압했던 자들의 멸시와 조롱거리가 되도록 만드신다(6절). 하나님을 의지하는 겸손한 자들은 안전한 평화를 누리겠지만, 교만한 자들은 기대고 서 있을 벽이 없다. 그러므로 권세를 누리는 교만한 자들과 함께하지 않고, 가난하지만 하나님을 의지하는 자들과 함께하는 자들이 복이 있다.

3 의인의 삶의 각오를 강력한 의지로 표현하는 말씀은 무엇인가?(26:7–9)

사모하고, 간절히 구하고, 다짐한다.

Tip 말씀은 의인의 삶에 대한 각오를 논한다(7–9절). 하나님이 의인들에게 은혜를 베푸셔서 그들의 길을 열고 평탄케 하시니, 의로운 사람들은 하나님의 은혜에 감사하여 새로운 각오로 살아갈 것을 다시 한번 다짐한다(7절). 먼저 그들은 하나님의 공동체로서 하나님의 율법을 준수하며 하나님만 그들의 소망으로 삼고 그에게 희망을 걸 것임을 밝히고 있다(8절). 그러고 나서 공동체의 각오가 개인화된다(9절). “밤에 내 영혼이 주를 사모하였은즉, 내 중심이 주를 간절히 구할 것”을 확인하고 있는 것이다. ‘사모하고 구한다’는 것은 매우 강력한 의지를 표현하는 것이다. 상황이 아무리 암울하고 절망적일지라도 결코 좌절하지 않을 것이며, 오히려 이러한 순간에 하나님을 더욱더 찾을 것을 확신하고 있다. 그들이 바라고 사모하는 것은 구원이 아니라 그 구원의 저자이신 하나님이라는 것을 기억해야 한다.

4 의인들이 고백에 포함되어야 하는 내용은 무엇인가?(26:12–15)

a) 12절: 모든 일을 이루심.

b) 13절: 주만 의지함.

c) 14절: 심판하심.

d) 15절: 스스로 영광을 얻으심.

Tip 의인들은 하나님의 인도와 보호하심을 고백하고 확신한다(12-15절). 악인들의 종말은 비참하게 끝나지만, 의인들은 계속 여호와를 찬양할 이유가 있고 명분이 있다. 의인들은 자신들이 이룩한 모든 것들이 하나님의 은혜요 역사였음을 고백한다(12절). 모든 영광을 하나님께 돌리는 것이다. 그리고 그들은 다시 한번 각오를 새롭게 한다. 옛적에는 비록 자신들이 세상의 권세자들의 지배를 받았지만 이제는 주님만을 바라보겠다는 각오다(13절).

5 그날 사람들은 어떤 모습으로 부활하는가?(26:19)

시체들이 일어난다.

Tip 구약은 좀처럼 부활에 대하여 언급하지 않는다. 그러나 본문은 죽은 사람들이 다시 살아날 것과 그들이 마치 잠자다 깨어나는 것처럼 부활할 것을 말하고 있다. 더 이상 자세한 언급은 하지 않는다. 다만 그들은 묻혔던 땅에서 일어날 것이다. 성경은 부활 후의 모습에 대해 어떤 모습인지, 어떤 상태인지 언급하지 않는다. 그러므로 인도자는 성경에서 언급하지 않는 부활 후의 모습, 상태와 주제와 관련 없는 것에 대해 언급하거나 치우치지 않도록 주의한다.

Ⅵ. 적용과 나눔

삶의 내비게이션(적용)

1 견고한 성벽인 줄 알고 믿었는데, 알고 보니 임시 가벽이었던 경험은 무엇이 있는가?

관찰문제 1번 참고. 하나님의 성벽과 외벽은 보이지 않지만 안전하고 편안함을 느낄 수 있는 것이다. 그러나 세상에는 하나님의 성벽과 같이 안전하게 느껴지지만 알고 보니 기댈 수 없는 가벽인 경우가 많다. 임시 칸막이와 같은 가벽은 겉으로 보기에는 튼튼해 보이지만 사실은 무너지기 쉬운, 기댈 수 없는 벽이다. 각자가 경험한 견고한 벽인 줄 알았는데 가벽이었던 경험이 있다면 나누어 보도록 한다. 믿었던 친구에게 배신당했을 때나, 믿고 돈을 빌려 주었는데 받지 못한 경우도 있다. 정말 기댈 수 있다고 생각하는 사람이었는데, 알고 보니 사기꾼인 경우도 있을 수 있다. 각자의 경험을 나누어 보도록 한다.

2 의인의 고백 중에서 당신에게 필요한 것이나 현재 절실한 것은 무엇인가?

관찰문제 4번 참고. 의인들이 하나님을 계속해서 찬양하는 이유는 하나님께서 모든 일을 이루실 것이기 때문이다. 의인들은 주님만 의지할 것을 표현한다. 심판하시는 하나님을 찬양하며, 스스로 영광을 얻으시는 하나님을 찬양한다. 당신에게 현재 이 네 가지 고백 중에서 필요하거나 절실한 것은 무엇인지 나누어 보도록 한다. 이루시는 하나님, 주님만을 의지함, 심판하시는 하나님, 스스로 영광을 얻으시는 하나님. 그리고 절실한 이유에 대해서도 나누어 보도록 한다. 인도자는 심각한 문제까지 억지로 나누는 것을 자제하도록 한다.

3 당신은 부활 후 당신의 어떤 부분이 변해 있으면 좋겠다고 기대하는가?

관찰문제 5번 참고. 성경은 부활 후의 모습에 대해서는 자세히 언급하고 있지 않지만 각자가 기대하는 부분에 대해 이야기를 나누어 보도록 한다. 예를 들면, 지혜, 부자, 건강, 달란트, 외모, 키, 성격 등 지금과는 다르게 변해 있었으면 하는 부분에 대해 자연스럽게 이야기를 나누도록 한다.

Ⅶ. 마무리

기도로 마무리한다.
제6주 관찰문제를 예습해 오도록 한다.

실천과제를 제시한다.

생활의 아로마(실천)

예 1) 일주일 동안 자신이 의지하고 있는 가벽을 찾고 빨리 정리하도록 한다.

2) 하나님께 네 가지 부분(이루심, 의지함, 심판하심, 스스로 영광을 얻으심)으로 나누어서 고백하는 시간을 갖도록 한다.

제6주 심판과 회복의 이중주

이사야 27:1–11

학습목표

하나님의 백성을 향한 심판은 회복을 위한 것이라는 사실을 알 수 있다.

KEYWORD **고통, 심판, 회복**

Ⅰ. 찬양과 기도

Ⅱ. 지난주 실천과제 나눔

Ⅲ. 복습문제 풀이

복습

1 의인이 경험하는 하나님의 구원은 어떻게 표현되며, 그것은 무엇을 의미하는가?(26:1–4)

a) 성벽, 외벽, 평강과 평화, 영원한 반석.

b) 하나님의 구원.

Ⅳ. 말씀 이사야 27:1–11을 다 함께 읽는다

27:1 그날에 여호와께서 그의 견고하고

크고 강한 칼로 날랜 뱀 리워야단
곧 꼬불꼬불한 뱀 리워야단을 벌하시며
바다에 있는 용을 죽이시리라
2 그날에 너희는 아름다운 포도원을 두고
노래를 부를지어다
3 나 여호와는 포도원지기가 됨이여
때때로 물을 주며 밤낮으로 간수하여
아무든지 이를 해치지 못하게 하리로다
4 나는 포도원에 대하여 노함이 없나니
찔레와 가시가 나를 대적하여 싸운다 하자
내가 그것을 밟고 모아 불사르리라
5 그리하지 아니하면 내 힘을 의지하고
나와 화친하며 나와 화친할 것이니라
6 후일에는 야곱의 뿌리가 박히며
이스라엘의 움이 돋고 꽃이 필 것이라
그들이 그 결실로 지면을 채우리로다
7 주께서 그 백성을 치셨던들
그 백성을 친 자들을 치심과 같았겠으며
백성이 죽임을 당하였던들
백성을 죽인 자가 죽임을 당함과 같았겠느냐
8 주께서 백성을 적당하게 견책하사 쫓아내실 때에
동풍 부는 날에 폭풍으로 그들을 옮기셨느니라
9 야곱의 불의가 속함을 얻으며
그의 죄 없이함을 받을 결과는 이로 말미암나니
곧 그가 제단의 모든 돌을 부서진 횟돌 같게 하며
아세라와 태양상이 다시 서지 못하게 함에 있는 것이라
10 대저 견고한 성읍은 적막하고
거처가 황무하며
버림받아 광야와 같은즉
송아지가 거기에서 먹고 거기에 누우며

그 나무 가지를 먹어 없이하리라
11 가지가 마르면 꺾이나니
여인들이 와서 그것을 불사를 것이라
백성이 지각이 없으므로
그들을 지으신 이가 불쌍히 여기지 아니하시며
그들을 조성하신 이가
은혜를 베풀지 아니하시리라

V. 관찰문제의 바른 답

말씀 돋보기(관찰)

1 하나님이 악한 영의 세력을 어떻게 처리하시는가?(27:1)

견고하고, 크고, 강한 칼로 벌하실 것이다.

Tip 그날이 되면 하나님이 그의 백성의 원수를 '견고하고, 크고, 강한 칼'로 벌하실 것이다. 하나님이 사용하실 무기에 대한 세 가지 설명에 균형을 맞추듯 원수에 대한 언급이 세 단어로 구성되어 있다. 뱀–뱀–악어. 개역개정은 첫 번째와 두 번째 언급된 '뱀'은 리워야단으로 세 번째 괴물은 '바다에 사는 용'으로 번역하고 있다.

리워야단은 물에 사는 괴물로 성경에 간혹 언급된다(욥 41:1; 시 104:26). 시편 74:14에서는 이집트를 상징하는 괴물의 이름으로 불리어진다. 욥기 3:8은 리워야단을 세상의 창조 질서를 위협하는 괴물로 묘사한다. 리워야단이 매끄럽다고 하는 것은 그만큼 날렵하게 움직인다는(viz. 적들에게 잔인할 정도로 확실하고 민첩하게 행하는 것) 의미이고, 꼬불꼬불하다고 하는 것은 그만큼 모든 것(도덕성 등)을 비틀고 꼬는 능력을 지녔다고 해석하기도 한다. 성경에서 용/악어는 하나님이 창조하신 바다 짐승(참조. 창 1:21) 뱀 또는 악어(출 7:9; 시 91:13), 혹은 무서운 파괴력을 가진 힘(렘 51:34)을 상징한다. 바빌론, 우가릿, 히타이트 신화들이 발굴

되면서 이것들은 세상의 창조 질서를 꾸준히 위협하는 전설적인 동물들로 해석되었다.

2 포도원에 대해 노함이 없다고 선포하시는 이유는 무엇인가?(27:3-4)

원래 계획대로 회복된 포도원이기 때문에.

Tip 이사야의 첫 포도원 노래(5:1-7)와는 달리 이 포도원 노래는 포도나무의 책임에 대하여 전혀 언급하지 않는다. 뿐만 아니라 하나님이 포도원에게 노여워할 일이 전혀 없다고 선포하신다(4절). 이 말씀은 이 일이 먼 미래, 즉 이스라엘의 죄성이 근본적으로 해결된 후의 상황이라는 것을 암시한다. 그러므로 이 포도원은 하나님이 처음에 계획하시고 기대하신 대로 좋은 포도를 맺고 있다. 이 포도원은 원래 계획대로 회복된 포도원이기 때문에 열매를 잘 맺고 있다.

3 찔레와 가시에게 하시는 경고와 그 의미는 무엇인가?(27:5)

나와 화친하라.

누구든지 하나님께 나오면 받아 주시겠다는 것을 의미한다.

Tip 하나님이 포도원을 해칠 수 있는 적들 –찔레와 가시– 에게 분명히 경고하신다. "나와 화친하는 것이 좋을 것이다"(5절). 주의 백성을 해하는 그 어떤 무리도 결코 용납하지 않으시겠다는 하나님의 다짐이다. 그러나 동시에 이 말씀은 누구든지 하나님께 나오면 받아 주시겠다는 것을 암시한다. 비록 찔레와 가시같은 존재들이라도 하나님과 화친하겠다는 각오로 하나님을 찾으면 하나님은 그들을 환영하실 것이다. 온 인류를 향한 구원의 가능성을 노래하고 있다.

4 심판을 받을지라도 하나님과 화친한 자들이 가질 수 있는 소망은 무엇인가?(27:6-8)

다시 회복하실 것이라는 소망.

Tip

지난날 하나님이 직접 이스라엘의 뿌리를 뽑으셨지만(참조. 5:1-7), 이제 그의 백성이 뿌리를 내리고 싹을 내고 꽃을 피운다. 그리고 그 꽃들이 열매로 변하여 온 땅 위에 가득하다(6절). 뿌리, 싹, 꽃, 열매는 나무의 모든 부분을 칭하는 것이다. 하나님이 이스라엘의 모든 것을 즐거워하시고 인정하실 것을 상징한다. 하나님이 이스라엘을 징계하신 것은 사실이지만, 이스라엘이 좌절할 만큼 혹독한 정도는 아니었다(7절). 하나님의 징계는 훈계에 불과하다. 징계가 끝나면 우리를 징계하는 과정에서 주께서 사용하신 도구는 더욱더 혹독한 심판을 받게 된다.

5 하나님이 이스라엘을 징계하실 때 사용하시는 방법은 무엇이며, 하나님의 백성을 괴롭혔던 성읍들은 어떤 심판을 받는가?(27:8-11)

a) 파멸이 아닌 흩으심으로 회복을 위한 심판.

b) 완전한 파멸로 회복할 수 없는 심판.

Tip

하나님이 이스라엘을 징계하실 때 사용하셨던 방법은 파멸이 아니라 흩으심이다(8절). 이스라엘 사람들은 이런 하나님의 행위에 놀랄 필요가 없다. 이미 하나님은 모세를 통하여 신명기 28장에서 이스라엘의 최후 징계 방법은 약속의 땅에서 그들을 몰아내는 것이며, 때가 되어 그들이 회개하면 다시 그들을 가나안 땅으로 거두겠다고 하셨다. 그러므로 하나님이 이스라엘을 흩으시는 것으로 심판하셨다면, 우리가 기대할 수 있는 것은 징계가 모두 끝나면, 다시 그들을 모으실 것이라는 사실이다. 또한 하나님은 하나님의 백성을 괴롭혔던 성읍들이 폐허가 될 것을 여러 차례 언급했다(24장). 사람들이 북적거리던 성읍은 사막과 같이 적막해졌다(10절). 뿐만 아니라 그곳은 송아지들이 풀을 뜯어먹기에 적절한 곳으로 변한다(10절). 그리고 성읍의 터에 무성하게 자란 나무들은 땔감으로나 쓰기에 적당하다(11절).

삶의 내비게이션(적용)

1 세상에는 부드러운 말로 현혹하는 사람들이 있다. 마치 뱀, 리워야단, 용이 날렵함(민첩함)과 꾸불꾸불함(왜곡, 덧붙임)을 상징하는 것처럼 말이다. 누구의 사탕발림에 현혹되어 속아 본 경험이 있는가?

관찰문제 1번 참고. 뱀, 리워야단, 용은 창조 질서를 위협하는 괴물로 묘사된다. 민첩함을 가지고 있으며 모든 것을 왜곡하고 꼬는 능력을 가지고 있다고 해석된다. 이처럼 세상에는 민첩하게 유혹하거나, 왜곡된 모습으로 우리에게 다가오는 것들이 있다. 혹시 우리가 순식간에 현혹되어 속은 경험이 있는지 나누어 보도록 한다. 순간 상품이 너무 좋아 보여서 충동구매를 할 수도 있다. 전화사기나 보이스피싱에 속아 본 경험이 있을 수 있다. 취직을 미끼로 통장을 주었다가 대포통장이 되어 돌아올 수도 있다.

2 하나님은 포도나무 비유를 통해 주의 백성이 잘 성장할 것이라고 한다. 당신은 인생의 사계절에서(뿌리, 움, 꽃, 열매) 어느 시기이며, 어떤 돌보심을 필요로 하는가?

관찰문제 4번 참고. 식물은 뿌리를 내리고 움이 돋고, 꽃이 피고, 열매를 맺는다. 우리 인생도 식물에 비유하여 뿌리를 내리고, 움이 돋고, 꽃이 피고 열매를 맺는 것으로 비유할 수 있다. 각자 어느 시기인지 말해 보도록 한다. 그것이 삶의 전반에 걸쳐서 어느 시기인지 살펴볼 수 있지만, 어떤 일을 진행하는데 있어서 뿌리, 움, 꽃, 열매의 시기로 나누어서 살펴볼 수도 있다. 그리고 어떤 돌보심이 필요한지에 대해서도 서로 이야기를 나누어 보도록 한다. 그리고 구성원의 필요에 서로 도울 수 있는 방법이 있는지 함께 고민하고 이야기를 나누어 본다.

3 본문은 하나님이 언젠가는 우리의 모든 것을 회복시켜 주실 것을 말씀하신다. 당신이 겪고 있는 어려움 중에서 가까운 시일 내에 회복되었으면 하는 영역은 무엇인가?

관찰문제 5번 참고. 주의 백성이라면 심판 후에는 회복이 반드시 뒤따른다. 당신이 지금 겪고 있는 어려움은 당신의 실수로 인한 것일 수도 있지만, 하나님의 심판, 징계일 수도 있다. 당신이 주의 백성이라면 그 어려움이 곧 회복되는 날이 올 것이다. 각자 회복되기를 원하는 영역에 대해 이야기를 나누어 보도록 한다.
예) 진학, 취업, 건강, 물질, 결혼, 마음의 아픔, 관계 등.

Ⅶ. 마무리

기도로 마무리한다.
제7주 관찰문제를 예습해 오도록 한다.
실천과제를 제시한다.

생활의 아로마(실천)

예 1) 날렵하고 왜곡된 정보에 쉽게 넘어가지 않도록 기도하며, 분별력을 키우도록 한다.
2) 하나님의 심판을 받는 부분은 무엇인지 찾고, 돌아보는 시간을 갖도록 한다.

제7주 우리가 쓸 면류관

이사야 28:1-19

학습목표

하나님이 주시는 영화로운 면류관을 쓰기 위해서 우리가 해야 하는 일에 대해 알 수 있다.

KEYWORD **교만, 면류관, 교훈**

Ⅰ. 찬양과 기도

Ⅱ. 지난주 실천과제 나눔

Ⅲ. 복습문제 풀이

복습

1 하나님이 이스라엘을 징계하실 때 사용하시는 방법은 무엇이며 하나님의 백성을 괴롭혔던 성읍들은 어떤 심판을 받는가?(27:8-11)

a) 파멸이 아닌 흩으심으로 회복을 위한 심판

b) 완전한 파멸로 회복할 수 없는 심판

Ⅳ. 말씀 이사야 28:1-19을 다 함께 읽는다

28:1 에브라임의 술 취한 자들의 교만한 면류관은
화 있을진저
술에 빠진 자의 성 곧 영화로운 관같이
기름진 골짜기 꼭대기에 세운 성이여
쇠잔해 가는 꽃 같으니
화 있을진저
2 보라 주께 있는 강하고 힘 있는 자가
쏟아지는 우박같이,
파괴하는 광풍같이,
큰물이 넘침같이
손으로 그 면류관을 땅에 던지리니
3 에브라임의 술 취한 자들의 교만한 면류관이
발에 밟힐 것이라
4 그 기름진 골짜기 꼭대기에 있는
그의 영화가 쇠잔해 가는 꽃이
여름 전에 처음 익은 무화과와 같으리니
보는 자가 그것을 보고 얼른 따서 먹으리로다
5 그날에 만군의 여호와께서 자기 백성의 남은 자에게
영화로운 면류관이 되시며
아름다운 화관이 되실 것이라
6 재판석에 앉은 자에게는
판결하는 영이 되시며
성문에서 싸움을 물리치는 자에게는
힘이 되시리로다
7 그리하여도 이들은
포도주로 말미암아 옆 걸음 치며
독주로 말미암아 비틀거리며
제사장과 선지자도 독주로 말미암아 옆 걸음 치며

포도주에 빠지며
독주로 말미암아 비틀거리며
환상을 잘못 풀며
재판할 때에 실수하나니
8 모든 상에는 토한 것,
더러운 것이 가득하고 깨끗한 곳이 없도다
9 그들이 이르기를
그가 누구에게 지식을 가르치며
누구에게 도를 전하여 깨닫게 하려는가
젖 떨어져 품을 떠난 자들에게 하려는가
10 대저 경계에 경계를 더하며
경계에 경계를 더하며
교훈에 교훈을 더하며
교훈에 교훈을 더하되
여기서도 조금,
저기서도 조금 하는구나 하는도다
11 그러므로 더듬는 입술과 다른 방언으로
그가 이 백성에게 말씀하시리라
12 전에 그들에게 이르시기를
이것이 너희 안식이요
이것이 너희 상쾌함이니
너희는 곤비한 자에게 안식을 주라 하셨으나
그들이 듣지 아니하였으므로
13 여호와께서 그들에게 말씀하시되
경계에 경계를 더하며
경계에 경계를 더하며
교훈에 교훈을 더하며
교훈에 교훈을 더하고
여기서도 조금, 저기서도 조금 하사
그들이 가다가 뒤로 넘어져

부러지며 걸리며 붙잡히게 하시리라
14 이러므로 예루살렘에서
이 백성을 다스리는 너희 오만한 자여
여호와의 말씀을 들을지어다
15 너희가 말하기를
우리는 사망과 언약하였고
스올과 맹약하였은즉
넘치는 재앙이 밀려올지라도
우리에게 미치지 못하리니
우리는 거짓을 우리의 피난처로 삼았고
허위 아래에 우리를 숨겼음이라 하는도다
16 그러므로 주 여호와께서 이같이 이르시되
보라 내가 한 돌을 시온에 두어 기초를 삼았노니
곧 시험한 돌이요
귀하고 견고한 기촛돌이라
그것을 믿는 이는 다급하게 되지 아니하리로다
17 나는 정의를 측량줄로 삼고
공의를 저울추로 삼으니
우박이 거짓의 피난처를 소탕하며
물이 그 숨는 곳에 넘칠 것인즉
18 너희가 사망과 더불어 세운 언약이 폐하며
스올과 더불어 맺은 맹약이 서지 못하여
넘치는 재앙이 밀려올 때에
너희가 그것에게 밟힘을 당할 것이라
19 그것이 지나갈 때마다
너희를 잡을 것이니
아침마다 지나가며
주야로 지나가리니
소식을 깨닫는 것이 오직 두려움이라

말씀 돋보기(관찰)

1 쇠잔해가는 북왕국을 표현하는 단어는 무엇이며, 북왕국의 멸망은 어떻게 진행되는가?(28:1-2)

a) 단어: 화려한 꽃 면류관.

b) 멸망: 쏟아지는 우박, 파괴하는 광풍, 넘치는 큰물.

Tip

사마리아를 화려한 꽃의 면류관에 비유한다(1절). 사마리아의 위치가 주변의 평지 가운데 우뚝 솟아 지중해를 바라보는 장엄함을 염두에 두고 이 도시를 '화려한 왕관'에 비유하는 듯하다. 그러나 문제는 이 화려한 면류관의 꽃이 시들어 가고 있다는 사실이다. 북왕국 이스라엘의 전성시대가 막을 내리고 이제는 마치 시들어 버린 꽃 면류관을 버려야 하듯 이 나라의 운명이 막을 내리게 될 것이다. 하나님은 북왕국의 운명을 마감하기 위하여 강하고 힘있는 자를 보내실 것이다(2절). 그 파괴가 얼마나 무시무시한지 '쏟아지는 우박, 파괴하는 광풍, 넘치는 큰물' 등에 비유한다. 자연재해를 매우 두려운 것으로 생각했던 고대 사회에서 공포를 자아낼 만한 비유다. 사마리아는 시들어가는 꽃같은 처지가 되었고, 약탈의 대상이 될 뿐이다. 마치 여름이 오기 전에 맨 먼저 익은 무화과 같아서 보는 사람들이 마구 따먹는다. 그렇게 쉽게 약탈당할 것임을 경고하고 있다.

2 독주로 말미암아 옆 걸음 치는 자들은 누구인가? 그리고 그들의 행위는 어떤 평가를 받는가?(28:7-8)

a) 제사장과 선지자들.

b) 환상을 잘못 풀며, 재판을 실수한다.

Tip

선지자는 술에 취해 몸을 가누지 못하는 종교 지도자들을 비난하고 있다(7절). 성경은 '술'과 '비틀거림'을 수차 반복함으로써 제사장, 선지자를 포함한 유다의 종교 지도자들의 무기력을 충격적으로 적나라하게 묘사한다. 이들은 아예 '독주로 말미암아 옆으로 [게] 걸음 치는 자'들이라며 비난한다. 술에 취한 제사장들이 어떻게 제대로 된 예식을 행할 수 있겠는가? 곤드레만드레 취한 선지자가 어떻게 예언을 듣고 하나님의 말씀을 선포하겠는가? 이 말씀은 이스라엘의 국가 정체성의 구심점인 종교마저도 완전히 몰락하였음을 암시한다. 제사장들과 선지자들이 지나간 발자취는 토한 것으로 가득한 잔칫상이 있을 뿐이다(8절). 상의 구석구석을 살펴보아도 깨끗한 곳이 없다. 자신의 몸도 가누지 못할 정도로 취해 있는 자들에게 도움을 청하고 하나님의 뜻을 구하는 백성이 가련할 뿐이다. 지도자들이 자신의 본분을 다하지 못하면 그들을 바라보는 백성이 가엾게 된다.

3 제사장들의 교만을 나타내는 표현은 무엇인가? 그들이 교만한 이유는 무엇인가?(28:9–10)

a) 선지자에게 "네가 뭔데 우리를 가르치려 하느냐"고 말한다.

b) 선민사상.

Tip

선지자가 그들에게 비난의 말씀을 선포하자 그들은 들으려고 하기는커녕 오히려 "네가 뭔데 우리를 가르치려 하느냐?"라며 교만을 떤다. "우리가 누군데 감히 네가 어린애 가르치듯 우리를 가르치려 하느냐?"라는 뜻이다. 그들은 선지자에게 비아냥거리며 '경계에 경계를 더하며, 교훈에 교훈을 더한다'고 하는데, 새번역의 '한 자 한 자, 한 절 한 절, 한 장 한 장 가르치려 한다'는 번역이 의미를 더 정확하게 전달한다.

이 번역의 배경이 되고 있는 히브리어 문구는 쉽게 말해서 어린아이들에게 말과 글을 가르칠 때 "가, 갸, 거, 겨" 따라하듯이 하는 상황을 묘사하는 듯하다. 제사장들과 선지자들이 이사야가 자기들을 마치 어린애에게 하듯이 가르치려 든다고 빈정대고 있는 것이다. 이들이 교만한 가장 큰 요인 중 하나는 시온은 하나님께 선택받은 민족으로서 절대 망하지 않는다는 잘못된 신학(선민사상) 때문이었다. 특히 유다가 주전 701년에 있었던 산헤립의 침략을 통해 경험한 일이(사 36–39장) 이 같은 어리석은 생각을 더욱더 가중시켰을 것이다.

4 하나님은 말씀을 받아들이기를 거부한 제사장들과 선지자들에게 어떻게 하시는가?(28:11)

그들은 말을 알아듣지 못하는 나라로 끌려갈 것이다.

Tip 온갖 교만과 방종에 빠져 있는 종교 지도자들에게 하나님의 심판이 선언된다. 지난날 이들은 하나님이 보내신 선지자의 메시지를 귀담아듣기는커녕 오히려 핀잔과 조롱만 하였으니(9-10절), 앞으로 그들은 말을 알아듣지 못하는 나라(다른 방언)로 끌려갈 것이다(11절). 이들이 열방으로 갈 수밖에 없는 이유는 이 땅에서 안 되니 그곳에 가서라도 깨달음을 얻게 될까 해서다. '대저 경계에 경계를 더하며 경계에 경계를 더하며, 교훈에 교훈을 더하며 교훈에 교훈을 더하되, 여기서도 조금 저기서도 조금'(개역개정. 28:10)은 단순히 의미도 없고 알아들을 수 없는 소리일 수도 있다. 새번역은 이러한 입장을 취하여 히브리어의 소리대로 음차하여 "차브 라차브, 차브 라차브, 카브 라카브, 카브 라카브, 제에르 샴, 제에르 샴'으로 음역하였다. 이것은 이사야의 '가 갸 거 겨'를 받아들이기를 거부한 그들에게 하나님이 '가, 갸, 거, 겨'를 가르치실 것을 선언하는 말씀이다.

5 이스라엘이 진정으로 의지해야 할 것은 무엇인가?(28:16-17)

시온의 귀하고 견고한 기촛돌.

Tip 이스라엘이 진정으로 의지해야 하는 것은 시온의 '귀하고 견고한 기촛돌'이다(16절). 기촛돌이 무엇을 의미하는지는 정확히 알 수 없지만 기촛돌을 중심으로 일어난 일들은 정확히 알 수 있다. 이 기촛돌을 의지하는 사람들은 모두 불안하지 않을 것이다(16절). 뿐만 아니라 기촛돌을 의지하는 사람에게는 공평과 공의가 판단의 기준이 된다. 그러므로 유다의 리더들이 정치적인 수단으로 도입한 거짓말과 속임수가 심판을 받는다(17절). 결국 그들의 죽음과의 언약은 아무런 의미가 없게 된다. 살아보려고 이집트와 협정을 맺었지만, 하나님의 심판에 의하여 죽임을 당하기 때문이다.

삶의 내비게이션(적용)

1 아무리 좋은 것도 너무 많이 먹으면 부족한 것만 못하다. 좋은 것이 너무 많아 오히려 해가 된 경험에는 무엇이 있었는가?

관찰문제 2번 참고. 제사장들과 선지자들이 술에 취해 비틀거리고, 그들의 상은 토한 것으로 가득하다. 술에 취해서 자신들이 맡은 직분을 제대로 감당하지 못하는 모습을 표현하고 있다. 아무리 좋은 것도 너무 많이 먹으면 부족한 것만 못하다. 우리도 생활 속에서 꼭 술이 아니더라도 욕심을 부려서 너무 많이 먹어서 탈이 날 수도 있다. 먹는 것이 아니더라도 취하지 말아야 할 것을 취해서 어려움을 겪을 수도 있다.

나의 능력을 넘는 명품 가방, 명품 시계, 외제차 등 취하지 말아야 할 것을 취하는 것도, 너무 많이 가지는 것도 하나님 앞에서는 죄로 연결된다. 욕심과 탐욕이 바로 그것이다. "각자가 경험한 것 중에 너무 많아서 오히려 해가 된 경험은 무엇이 있는가?" 이야기를 나누어 보도록 한다. 맛있다고 너무 먹어서 과식한 경험이나, 취하면 안 된다는 것을 알면서 과음한 경험, 욕심을 부려 일에만 몰두한 경험, 가져서는 안 되는 것을 너무 갖고 싶어서 가졌다가 어려움을 겪은 경험, 밤새 게임을 하여 다음날 어려웠던 경험이 있다면 나누어 보도록 한다. 그것 때문에 다음에 힘들었던 경험을 서로 말해 보도록 한다.

2 당신의 주위에 어린애를 가르치듯 당신을 가장 많이 가르치려 하는 사람은 누가 있는가? 어떤 가르침이 도움이 되고, 어떤 가르침이 거부반응을 일으키는가?

관찰문제 3번, 4번 참고. 선지자의 권면에 제사장들은 '네가 뭔데 날 가르치려 하느냐'는 반응을 보인다. 각자의 주변에 자신을 가르치려고 하는 사람에 대해 이야기를 나누어 보도록 한다. 부모님 특히 어머니가 가장 많이 나올 수 있다. 다음으로는 배우자, 직장 상사, 선생님, 친구, 다양한 이야기가 나올 것이다. 그것을 들은 때의 기분에 대해서도 서로 말해 보도록 한다. 많은 가르침 중에 어떤 가르침이 도움이 되고, 어떤 가르침이 거부 반응을 일으키는지에 대해서도 이야기를 나누어 보도록 한다.

3 북왕국의 면류관은 시든 화관이지만 하나님의 면류관은 영화로운 면류관이다. 당신이 받고 싶은 면류관은 무엇인가?

관찰문제 1번 참고. 북왕국의 면류관은 시든 화관이지만 하나님의 면류관은 영화로운 면류관이다. 우리가 세상에서 쓰려고 하는 면류관은 제한적이고 일시적이어서 아름다운 화관으로 보이지만 시들어 버리고 만다. 그러나 하나님이 주시는 면류관은 영화로운 면류관으로 변함이 없다. 각자가 받고 싶은 면류관에 대해 이야기를 나누어 보도록 한다. 지금 필요한 것은 당장은 아름답고 화려하지만 금방 싫증나고, 쉽게 변하기 마련이다. 성경에 나오는 면류관은 생명의 면류관(약 1:12; 계 2:10), 의의 면류관(딤후 4:8), 영광의 면류관(벧전 5:4), 기쁨의 면류관(빌 4:1), 자랑의 면류관(살전 2:9), 썩지 않는 면류관(고전 9:25), 가시 면류관(요 19:5), 금 면류관(계 4:4), 승리의 면류관(계 3:10-11) 등이 있다.

Ⅶ. 마무리

기도로 마무리한다.
제8주 관찰문제를 예습해 오도록 한다.
실천과제를 제시한다.

생활의 아로마(실천)

예 1) 일주일 동안 먹어서는 안 될 것(가치관의 혼란)을 취하고 있는지 점검하고 절제하도록 한다.

2) 혹시 주변인들에게 좋은 가르침을 가장한 잔소리를 하고 있는지 점검해 보도록 한다.

– 자녀, 배우자, 직장 동료, 친구 등.

제8주 거룩한 길을 걸으며

이사야 35:1–10

학습목표

하나님의 회복하시는 일의 기쁨을 알 수 있다.

KEYWORD **회복, 기쁨, 거룩한 길**

Ⅰ. 찬양과 기도

Ⅱ. 지난주 실천과제 나눔

Ⅲ. 복습문제 풀이

복습

1 제사장들의 교만을 나타내는 표현은 무엇인가? 그들이 교만한 이유는 무엇인가?(28:9–10)

선지자에게 "네가 뭔데 우리를 가르치려 하느냐"고 말한다.

선민사상.

2 하나님은 말씀을 받아들이기를 거부한 제사장들과 선지자들에게 어떻게 하시는가?(28:11)

그들은 말을 알아듣지 못하는 나라로 끌려갈 것이다.

Ⅳ. 말씀 이사야 35:1-10을 다 함께 읽는다

35:1 광야와 메마른 땅이 기뻐하며
사막이 백합화같이 피어 즐거워하며
2 무성하게 피어 기쁜 노래로 즐거워하며
레바논의 영광과 갈멜과 사론의 아름다움을 얻을 것이라
그것들이 여호와의 영광
곧 우리 하나님의 아름다움을 보리로다
3 너희는 약한 손을 강하게 하며
떨리는 무릎을 굳게 하며
4 겁내는 자들에게 이르기를 굳세어라,
두려워하지 말라,
보라
너희 하나님이 오사 보복하시며 갚아 주실 것이라
하나님이 오사 너희를 구하시리라 하라
5 그때에 맹인의 눈이 밝을 것이며
못 듣는 사람의 귀가 열릴 것이며
6 그 때에 저는 자는 사슴같이 뛸 것이며
말 못하는 자의 혀는 노래하리니
이는 광야에서 물이 솟겠고
사막에서 시내가 흐를 것임이라
7 뜨거운 사막이 변하여 못이 될 것이며
메마른 땅이 변하여 원천이 될 것이며
승냥이의 눕던 곳에 풀과 갈대와 부들이 날 것이며
8 거기에 대로가 있어
그 길을 거룩한 길이라 일컫는바 되리니
깨끗하지 못한 자는 지나가지 못하겠고
오직 구속함을 입은 자들을 위하여 있게 될 것이라
우매한 행인은 그 길로 다니지 못할 것이며
9 거기에는 사자가 없고

사나운 짐승이 그리로 올라가지 아니하므로
그것을 만나지 못하겠고
오직 구속함을 받은 자만 그리로 행할 것이며
10 여호와의 속량함을 받은 자들이 돌아오되
노래하며 시온에 이르러
그들의 머리 위에 영영한 희락을 띠고
기쁨과 즐거움을 얻으리니
슬픔과 탄식이 사라지리로다

건너뛴 장 내용 요약

29장 예루살렘의 위기
30장 어리석은 동맹과 심판
31장 예루살렘 보호
32장 약속과 경고
33장 소망
34장 에돔에 대한 경고

V. 관찰문제의 바른 답

말씀 돋보기(관찰)

1 광야가 회복된 자연을 묘사하는 데 사용되는 동사는 어떤 것들이 있는가?(35:1-2)

a) 기뻐하다

b) 즐거워하다

c) 꽃피다

Tip 황무지가 되어 버린 하나님 백성의 땅이 놀랍고 생기 가득한 정원으로 변한다. 하나님이 자신의 백성을 위로하시는 날에 자연도 회복될 뿐 아니라, 자연이 먼저 회복되어서 사람들을 기다릴 것이라고 선언한다. 생기라고 찾아 볼 수 없는 '광야와 메마른 땅'이 기뻐한다. 사용되는 동사는 '기뻐하다'(1절), '즐거워하다'(1,2절), '꽃피다'(1,2절), '[기쁜 노래로] 즐거워하다'(2절) 가 있다. 모두 다 하나님이 일구어 내시는 회복이 가져다주는 행복한 감정이다. 선지자는 의인법을 사용하여 죽음의 땅에 생기가 돌고 생명이 돋아나는 것을 표현하고 있다.

2 주의 백성이 경험하는 회복은 어떤 것들인가?(35:3–6a)

a) 신체

b) 마음

c) 소경이 보게 되고, 귀머거리가 듣게 된다.

Tip 자연에 이어 인간이 회복된다. 연약한 사람들의 신체가 강건해지며(3절), 마음이 약한 자들은 굳센 마음을 지니게 된다(4절). 인간의 회복 중에서 주목할 만한 것은 눈먼 사람의 눈이 밝아지고 귀먹은 사람의 귀가 열릴 것이라는 점이다. 유다 사람들은 이러한 치유는 메시아만이 하실 수 있다고 생각했다. 구약성경을 살펴보면, 엘리야와 엘리사는 죽은 아이들을 살려냈다(참조. 왕상 17장; 왕하 8장). 그러나 그 누구도 소경의 눈과 귀머거리의 귀를 열지 못했다. 그래서 유대인들은 메시아가 오시면 이러한 일을 하실 것이라는 기대를 하게 되었다. 세례 요한이 예수님의 제자들을 보내어 "당신이 바로 오실 그분이십니까?"라고 물었을 때, 예수님이 "가서 소경이 보고, 귀머거리가 듣고, 복음이 가난한 자에게 전파된다고 하라"고 답하신 것은 질문을 회피하신 것이 아니라 "내가 바로 너희들이 기다리던 그 메시아다"라고 확인해 주시는 것이었다(참조. 마 11:2–6).

3 광야는 어떤 모습으로 회복되는가?(35:6b–7)

광야에 물이 솟고, 사막에 시내가 흐르고, 사막이 변하여 연못이 되고, 메마른 땅에 물이 솟아난다.

Tip 광야가 꽃동산이 될 뿐만 아니라, 그곳에 샘이 솟고, 사막에 시냇물이 흐른다. 뜨겁게 타오르던 땅은 연못이 되고, 메마른 땅은 물이 솟아나는 샘이 된다(7절). 물이 귀해 생수를 구하는 것이 쉽지 않았던 고대 근동 지역에서 이보다 더한 유토피아는 없다. 이 물줄기 주변에 들풀들도 왕성하게 자란다. 물이 있으니 각종 생명이 움트는 것이다. 대대적인 회복과 치유가 자연에 임하는 이미지다. 모든 자연의 회복은 주의 백성으로 하여금 풍요와 생기를 누리게 하기 위해서다.

4 의인이 다니는 대로의 이름은 무엇이며, 그 길의 특징은 무엇인가?(35:8-9)

a) 거룩한 길

b) 구속함을 받은 자만 갈 수 있다.

Tip

회복된 광야에 큰길이 생긴다. 그 길의 이름은 '거룩한 길'이다. 이 길은 평범한 길이 아니라 순례자의 길이다. 악한 자는 다닐 수 없고, 오직 의인들만 다닐 수 있다. 이 길에는 무서운 들짐승도 없다(9절). 하나님을 대적하던 자들이 거하던 곳은 들짐승의 소굴이 되는데, 그분을 사랑하는 자들이 걸을 길은 들짐승으로부터 철저히 보호받는다. 그러므로 이 길은 모든 여행자가 꿈꾸는 길이다. 들짐승도 없을 뿐 아니라, 여행자들을 해칠 만한 사람도 없다. 푸르고 꽃이 만발한 광야에 놓인 이 길은 구속함을 받은 사람들을 위한 특별한 길이기 때문이다.

5 시온에 돌아온 백성이 누릴 수 있는 특권은 무엇인가?(35:10)

즐거움과 기쁨

Tip

여호와의 도움을 받아 자유를 얻어 시온으로 돌아오는 하나님의 백성에게 그 누구도 빼앗을 수 없는 즐거움이 함께한다. 그들의 귀향길은 처음부터 감격과 흥분의 길이며, 예루살렘에 들어서는 그들에게는 영원히 주체할 수 없는 기쁨이 충만하다. 슬픔과 탄식이 사라질 것이라는 말씀은 이 메시지를 듣던 사람들이 어려움을 겪고 있었음을 암시한다. 선지자는 고통 속에 있는 그들에게 더 이상 슬픔과 탄식이 없는 때를 약속한다. 이 약속은 또한 우리의 것이기도 하다. 그날이 오면 하나님이 우리의 눈물을 닦아 주시고, 우리의 탄식을 찬송과 감사로 바꾸실 것이다.

Ⅵ. 적용과 나눔

삶의 내비게이션(적용)

1 어렸을 때나 지금 당신이 두려워하는 것에는 무엇이 있는가?

어렸을 때 두려워했던 경험을 나누어 보도록 한다. 밤이 무서울 수도 있다. 귀신도 무섭고, 화장실에 가는 것이 무서울 수도 있다. 동물이나 곤충을 무서워하는 경우도 있다. 심각하게는 고소 공포증, 폐쇄 공포증을 갖고 있을 수도 있다. 과거의 경험뿐 아니라 지금도 무서운 것에는 무엇이 있는지 나누어 보도록 한다.

2 시온을 향하여 광야에 생긴 길은 '거룩한 길'이다. 만일 이 길의 이름을 짓는다면 무엇으로 부르고 싶은가?

관찰문제 4번 참고. 거룩한 길에는 무서운 들짐승도 없다. 여행자들을 해칠 만한 사람도 없다. 푸르고 꽃이 만발한 광야에 놓인 이 길은 특별한 길이다. 각자가 이 거룩한 길의 다른 이름을 만들어 보도록 한다. ______________________ 길 빈칸에 각자가 생각하는 길의 이름을 넣어 보도록 한다.

예) 아름다운 길, 하나님의 보호를 받는 길, 꽃길 등.

3 주의 백성에게 회복되는 것은 육체적인 건강과 영적인 건강 그리고 소경이 앞을 보고, 귀머거리가 듣게 되는 것이다. 당신의 삶의 한 영역이 회복될 수 있다면, 하나님이 무엇을 회복해 주시기를 원하는가?

관찰문제 2번 참고. 하나님의 회복의 역사는 육체적으로 연약한 사람을 건강하게 하시고, 마음이 약한 사람에게 강건한 마음을 주시고, 소경이 앞을 보고, 귀머거리가 듣게 되는 기적과 같은 회복이다. 각자가 회복되기를 원하는 것에 대해 이야기를 나누어 보도록 한다. 떨어진 성적이 회복되기를 원할 수도 있고, 멀어진 관계가 회복되기를 원할 수도 있다. 아픈 사람은 건강의 회복을 간절히 원할 것이다. 신체 장애를 가지고 있는 사람은 하나님의 회복의 역사가 간절히 일어나기를, 그래서 건강한 신체가 되기를 원할 것이다. 각자의 이야기를 어떤 범위에 국한하지 말고 자연스럽게 나누어 보도록 한다.

Ⅶ. 마무리

기도로 마무리한다.
제9주 관찰문제를 예습해 오도록 한다.
실천과제를 제시한다.

생활의 아로마(실천)

예 1) 일주일 동안 회복되어야 하는 부분을 놓고 기도하는 시간을 갖도록 한다.
2) 그동안 회복된 것을 돌아보고 감사하는 마음을 갖도록 한다.

제9주 무엇을 의지하느냐?

이사야 36:1–22

학습목표

위급 상황에 무엇을 의지해야 하는지 알 수 있다.

KEYWORD **절망, 의지, 최선**

Ⅰ. 찬양과 기도

Ⅱ. 지난주 실천과제 나눔

Ⅲ. 복습문제 풀이

복습

1 주의 백성에게 회복되는 것은 무엇인가?(35:3–6a)

a) 신체

b) 마음

c) 소경이 보게 되고, 귀머거리가 듣게 된다.

Ⅳ. 말씀 이사야 36:1–22을 다 함께 읽는다

36:1 히스기야 왕 십사년에 앗수르 왕 산헤립이 올라와서 유다의 모든 견고한 성을 쳐

서 취하니라 [2] 앗수르 왕이 라기스에서부터 랍사게를 예루살렘으로 보내되 대군을 거
느리고 히스기야 왕에게로 가게 하매 그가 윗못 수도 곁 세탁자의 밭 큰길에 서매 [3] 힐
기야의 아들 왕궁 맡은 자 엘리아김과 서기관 셉나와 아삽의 아들 사관 요아가 그에게
나아가니라 [4] 랍사게가 그들에게 이르되 이제 히스기야에게 말하라 대왕 앗수르 왕이
이같이 말씀하시기를 네가 믿는바 그 믿는 것이 무엇이냐 [5] 내가 말하노니 네가 족히
싸울 계략과 용맹이 있노라 함은 입술에 붙은 말뿐이니라 네가 이제 누구를 믿고 나를
반역하느냐 [6] 보라 네가 애굽을 믿는도다 그것은 상한 갈대 지팡이와 같은 것이라 사
람이 그것을 의지하면 손이 찔리리니 애굽 왕 바로는 그를 믿는 모든 자에게 이와 같
으니라 [7] 혹시 네가 내게 이르기를 우리는 우리 하나님 여호와를 신뢰하노라 하리라마
는 그는 그의 산당과 제단을 히스기야가 제하여 버리고 유다와 예루살렘에 명령하기
를 너희는 이 제단 앞에서만 예배하라 하던 그 신이 아니냐 하셨느니라 [8] 그러므로 이
제 청하노니 내 주 앗수르 왕과 내기 하라 내가 네게 말 이천 필을 주어도 너는 그 탈
자를 능히 내지 못하리라 [9] 그런즉 네가 어찌 내 주의 종 가운데 극히 작은 총독 한 사
람인들 물리칠 수 있으랴 어찌 애굽을 믿고 병거와 기병을 얻으려 하느냐 [10] 내가 이
제 올라와서 이 땅을 멸하는 것이 여호와의 뜻이 없음이겠느냐 여호와께서 내게 이르
시기를 올라가 그 땅을 쳐서 멸하라 하셨느니라 하니라 [11] 이에 엘리아김과 셉나와 요
아가 랍사게에게 이르되 우리가 아람 방언을 아오니 청하건대 그 방언으로 당신의 종
들에게 말하고 성 위에 있는 백성이 듣는 데에서 우리에게 유다 방언으로 말하지 마소
서 하니 [12] 랍사게가 이르되 내 주께서 이 일을 네 주와 네게만 말하라고 나를 보내신
것이냐 너희와 함께 자기의 대변을 먹으며 자기의 소변을 마실 성 위에 앉은 사람들에
게도 하라고 보내신 것이 아니냐 하더라 [13] 이에 랍사게가 일어서서 유다 방언으로 크
게 외쳐 이르되 너희는 대왕 앗수르 왕의 말씀을 들으라 [14] 왕의 말씀에 너희는 히스
기야에게 미혹되지 말라 그가 능히 너희를 건지지 못할 것이니라 [15] 히스기야가 너희
에게 여호와를 신뢰하게 하려는 것을 따르지 말라 그가 말하기를 여호와께서 반드시
우리를 건지시리니 이 성이 앗수르 왕의 손에 넘어가지 아니하리라 할지라도 [16] 히스
기야의 말을 듣지 말라 앗수르 왕이 또 이같이 말씀하시기를 너희는 내게 항복하고 내
게로 나아오라 그리하면 너희가 각각 자기의 포도와 자기의 무화과를 먹을 것이며 각
각 자기의 우물물을 마실 것이요 [17] 내가 와서 너희를 너희 본토와 같이 곡식과 포도
주와 떡과 포도원이 있는 땅에 옮기기까지 하리라 [18] 혹시 히스기야가 너희에게 이르
기를 여호와께서 우리를 건지시리라 할지라도 속지 말라 열국의 신들 중에 자기의 땅

을 앗수르 왕의 손에서 건진 자가 있느냐 [19] 하맛과 아르밧의 신들이 어디 있느냐 스
발와임의 신들이 어디 있느냐 그들이 사마리아를 내 손에서 건졌느냐 [20] 이 열방의 신
들 중에 어떤 신이 자기의 나라를 내 손에서 건져냈기에 여호와가 능히 예루살렘을 내
손에서 건지겠느냐 하셨느니라 하니라 [21] 그러나 그들이 잠잠하여 한 말도 대답하지
아니하였으니 이는 왕이 그들에게 명령하여 대답하지 말라 하였음이었더라 [22] 그때에
힐기야의 아들 왕궁 맡은 자 엘리아김과 서기관 셉나와 아삽의 아들 사관 요아가 자기
의 옷을 찢고 히스기야에게 나아가서 랍사게의 말을 그에게 전하니라

V. 관찰문제의 바른 답

말씀 돋보기(관찰)

1 아시리아가 유다를 침략한 역사적 정황은 무엇인가?(36:1-2)

언제: 히스기야 왕 14년(701 B.C.)

어디서: 윗못 수도 곁 세탁자의 밭 큰길

누가: 산헤립이 보낸 군대 장관 랍사게

Tip 히스기야 왕 14년에 아시리아 왕 산헤립이 유다를 쳤다. 산헤립이 히스기야와 예루살렘을 얼마나 얕보았는지 자신은 라기스에서 머물며 예루살렘으로 올라오지도 않고 군대 장관 랍사게에게 군대를 주어 치게 했다. 히스기야는 '빨래터로 가는 큰길 윗 저수지의 수로 옆'에서 이 소식을 맞이했다(2절, 새번역). 이 장소는 바로 선지자가 아들 스알야숩을 데리고 위기를 맞은 아하스를 찾아갔던 곳이기도 하다(7:3).

2 랍사게의 말에 따르면 유다가 의지하는 것 세 가지는 무엇인가?(36:4-10)

a) 군사력

b) 이집트

c) 여호와

Tip

예루살렘 성문 밖에 도착한 랍사게가 큰소리로 외치기 시작했다. 랍사게는 유다와 히스기야가 제시할 수 있는 모든 가능성을 철저히 배제한다. 그의 말대로 유다는 아시리아를 대항할 만한 군사력이 없다(참조. 4–5절). 심지어 그가 빈정대는 것처럼 말 이천 필을 준다 해도 유다에는 그 말을 타고 싸울 군인도 없다(8절). 이집트도 믿을 만한 존재는 아니며, 유다에게 도움이 될 수 없다. 또한 랍사게는 여호와께서 진노하셔서 직접 아시리아 군을 보내셨다고 주장한다. 하나님이 진노하신 이유는 다름아닌 히스기야의 '산당 제거' 때문이라고 한다. 종교 개혁에 있어서 히스기야는 유다 왕들 중 유일하게 요시야와 함께 산당을 제거한 모범이 되는 왕으로 손꼽혔다. 그런데 랍사게는 지금 히스기야의 종교 개혁에 대해 폭탄선언을 하고 있다. 히스기야는 여호와를 위해 산당을 제거했다고 하지만, 사실은 그가 제거한 산당들의 주인이신 여호와께서 진노하여 아시리아 사람들을 보내셨다는 것이다.

3 유다는 협상의 여부를 타진하기 위하여 어떻게 했는가?(36:11–12)

아람어로 말해 달라고 요청했다.

Tip

히스기야가 보낸 세 부하는 랍사게의 말을 듣다가 그에게 요청했다. "우리가 아람어를 알고 있으니 아람어로 말씀하십시오. 히브리어로 말씀하시면 이 성벽에 나와 있는 모든 사람이 듣게 되지 않겠습니까?"(11절) 즉 히스기야의 부하들은 이 제안을 통해 협상의 여지를 타진하고 있는 것이다. 아람어는 아시리아의 공식 언어일 뿐만 아니라 고대 근동의 통용어였다. 오늘날 세계 어디서든 통하는 영어처럼 말이다. 만일 랍사게가 그들의 요청을 들어준다면 평화로운 해결책이 가능하다. 협상으로 문제를 해결할 수 있는 가능성을 수용하겠다는 뜻이기 때문이다.

4 아시리아의 장군 랍사게가 주장하는 것은 무엇인가?(36:13–20)

a) 히스기야에게 속지 말라.

b) 여호와께 속지 말라.

Tip

히스기야의 협상 제안을 한마디로 거절한 랍사게가 '확성기'를 동원해 계속 히스기야와 예루살렘 거민들을 위협한다. 랍사게는 예루살렘 거민들에게 그들의 왕 히스기야에게 속지 말라고 말한다(14절). 히스기야에게는 아시리아 군대를 대적해서 싸울 만한 군사력이 없기 때문이다. 설령 히스기야가 여호와에 대한 믿음을 앞세워 그들을 설득하려 해도 믿지 말라고 한다(15절). 랍사게는 심지어 여호와께도 속지 말라고 경고한다(20절). 그의 논리에 의하면 세상의 어느 신도 자기 백성을 아시리아의 왕의 손에서 구원하지 못했다. 이처럼 모든 신이 아시리아의 왕 앞에 무능함을 드러냈는데 도대체 이스라엘의 신 여호와가 뭐가 다르기에 너희를 구원할 것이라고 생각하느냐는 것이다.

5 랍사게의 주장에 유다는 어떻게 반응했는가?(36:21–22)

아무 말도 하지 못했다.

Tip

랍사게의 말을 듣고 있던 유다 사람들 사이에는 긴 정적이 흐를 뿐이었다. 히스기야가 침략자들에게 어떠한 대꾸도 하지 말라고 한 명령 때문에 그랬지만, 실제로 그들에게는 할 말이 없었다. 히스기야가 협상의 여지가 있는지 알아보라고 보낸 세 대신은 모두 옷을 찢고 히스기야에게 돌아와 랍사게의 말을 전했다. 옷을 찢는 일은 매우 심한 수모나 슬픔을 당한 것을 상징한다. 유다는 이날 아시리아로부터 씻을 수 없는 수치를 당했고, 건국 이래 가장 슬픈 날을 맞이한 것이다.

Ⅵ. 적용과 나눔

삶의 내비게이션(적용)

1 당신의 삶에서 경험한 것 중 하나님을 가장 믿기 어려운 상황은 무엇이 있었는가?

관찰문제 4번 참고. 아시리아의 장군 랍사게는 히스기야에게 속지 말라고 하면서 하나님에게도 속지 말라고 말한다. 상황을 살펴보면 랍사게의 말이 틀린 것이 아니다. 아시리아의 왕 산헤립은 유다의 다른 성들을 이미 다 빼앗았고, 주위의 나라를 침략하여 정복 전쟁에서 계속해 승리를 얻고 있었다. 그러니 랍사게의 말을 듣고 있던 사람들은 어느 정도 랍사게의 말에 수긍했을 것이다. 비록 히스기야가 아무 말도 하지 말라고 해서 조용히 있었지만 그들의 마음은 요동치고 있었을 것이다.

각자가 하나님께 속고 있다고 생각한 경험을 말해 보도록 한다. 혹은 하나님을 믿기 어려웠던 경험을 나누어 보도록 한다. 당장 성경에 기록되어 있는 기적이 믿기 어려울 수도 있다. 눈에 보이지 않기 때문에 믿기 어려울 수도 있다. 너무 힘들고, 기도해도 응답이 없어서 '하나님은 안 계신가 보다'고 생각할 수도 있다. 각자 자연스럽게 이야기를 나누도록 한다. 인도자가 이야기의 순서를 정하거나, 말을 끊거나, 억지로 이야기하도록 유도하지 않는 것이 바람직하다.

2 유다는 견고한 성을 빼앗기고, 예루살렘은 포위를 당했다. 당신이 삶에서 사방이 꽉 막혔다고 생각하는 상황은 무엇인가?

관찰문제 1번 참고. 유다의 상황은 사면초가(누구에게도 도움이나 지지를 받을 수 없는 고립된 상황)의 상태다. 이미 이집트에게 도움을 요청했지만 산헤립과의 전쟁에 패해서 본국으로 돌아갔고 사면으로 포위되어 바라볼 곳은 하늘밖에 없는 상황이었다. 각자 현재 사방이 꽉 막힌 것 같은 상황에 대해 이야기를 나누어 보도록 한다. 학생은 시험에, 공부에 포위당했다고 생각할 수 있다. 직장인은 일에 포위당했다고 생각할 수 있다. 전업 주부는 해도 해도 끝이 없는 집안일에 포위당했다고 생각할 수 있다. 사업가는 벌어도 늘 부족한 돈에 매여 헤어나지 못한다고 생각할 수도 있다.

각자가 포위당한 상황에 대해 이야기를 나누어 보고, 꽉 막힌 사람에 대해서도 이야기를 나누어 보도록 한다. 대화를 나누려고 해도 자기 말만하고 다른 사람의 말은 들으려고도 하지 않는 사람, 서로 협의해야 하는 문제에 자신의 고집을 주장하는 사람, 회의 시간에 자신의 의견만이 옳다고 생각하는 사람, 각자가 생각하는 꽉 막힌 사람들의 특징은 무엇인지 비교해 보고, 자신의 모습을 비추어 보는 시간을 갖도록 한다. 또한 이러한 상황이나 사람들에게 어떻게 대처하며, 극복하는지에 대해서도 이야기하도록 한다.

3 지피지기면 백전백승이라고 하는데, 당신이 당면한 어려움을 이겨내기 위하여 어떻게 준비해야 하는가?

관찰문제 2번 참고. 랍사게는 참으로 대단한 사람이다. 그는 히브리어를 구사할 줄 아는 아시리아의 장군이며, 자신이 상대해야 할 적에 대해서도 상당히 연구한 사람이다. 랍사게는 히스기야가 단행한 종교개혁에 대해 익히 알고 있었다. 뿐만 아니라 그는 연구를 통해 얻은 정보를 사용해 적의 말문을 막으며, 적의 동요를 유도한다.

랍사게는 히스기야가 가장 자랑스러워하는 업적인 산당 제거를 오히려 역으로 이용하여 히스기야와 백성들 사이에 분열을 일으키는 심리전을 펼친다. 비록 하나님의 백성을 공격하는 적이지만, 이 전쟁을 준비하기 위해 철저히 적을 파헤친 랍사게는 우리에게 교훈이 되고 있다. 각자가 자신을 바로 알고 적을 알기 위해 준비해야 하는 것은 무엇인지 이야기를 나누어 보도록 한다. 요즘같이 왜곡된 정보가 많은 시대에는 바른 정보를 수집하는 분별력이 필요하며, 무엇보다도 자신을 잘 알고, 상대방/문제에 접근하는 것이 중요하다.

Ⅶ. 마무리

기도로 마무리한다.
제10주 관찰문제를 예습해 오도록 한다.
실천과제를 제시한다.

생활의 아로마(실천)

예 1) 현재 당면한 어려운 이슈를 온전히 내려놓고 하나님을 의지하도록 한다.
2) 남 탓만 하는 것이 아니라, 현재의 상황을 막고 있는 원인이 자신에게 있지 않은지 돌아보는 시간을 갖도록 한다.

제10주 거룩한 고자질

이사야 37:1–20

학습목표

당면한 문제에 대해 하나님 앞에 내놓고, 구할 수 있다는 사실을 알 수 있다.

KEYWORD 능욕, 겸손, 간구

Ⅰ. 찬양과 기도

Ⅱ. 지난주 실천과제 나눔

Ⅲ. 복습문제 풀이

복습

1 랍사게가 말하는 유다가 의지하는 것 세 가지는 무엇인가?(36:4–10)

a) 군사력

b) 이집트

c) 여호와

2 아시리아의 장군 랍사게가 주장하는 것은 무엇인가?(36:13–20)

a) 히스기야에게 속지 말라.

b) 여호와께 속지 말라.

Ⅳ. 말씀 이사야 37:1-20을 다 함께 읽는다

37:1 히스기야 왕이 듣고 자기의 옷을 찢고 굵은 베 옷을 입고 여호와의 전으로 갔고
2 왕궁 맡은 자 엘리아김과 서기관 셉나와 제사장 중 어른들도 굵은 베 옷을 입으니
라 왕이 그들을 아모스의 아들 선지자 이사야에게로 보내매 3 그들이 이사야에게 이
르되 히스기야의 말씀에 오늘은 환난과 책벌과 능욕의 날이라 아이를 낳으려 하나 해
산할 힘이 없음 같도다 4 당신의 하나님 여호와께서 랍사게의 말을 들으셨을 것이라
그가 그의 상전 앗수르 왕의 보냄을 받고 살아 계시는 하나님을 훼방하였은즉 당신의
하나님 여호와께서 혹시 그 말로 말미암아 견책하실까 하노라 그런즉 바라건대 당신
은 이 남아 있는 자를 위하여 기도하라 하시더이다 하니라 5 그리하여 히스기야 왕의
신하들이 이사야에게 나아가매 6 이사야가 그들에게 이르되 너희는 너희 주에게 이렇
게 말하라 여호와께서 이같이 말씀하시되 너희가 들은 바 앗수르 왕의 종들이 나를 능
욕한 말로 말미암아 두려워하지 말라 7 보라 내가 영을 그의 속에 두리니 그가 소문을
듣고 그의 고국으로 돌아갈 것이며 또 내가 그를 그의 고국에서 칼에 죽게 하리라 하
셨느니라 하니라 8 앗수르 왕이 라기스를 떠났다 함을 듣고 랍사게가 돌아가다가 그
왕을 만나니 립나를 치고 있더라 9 그때에 앗수르 왕이 구스 왕 디르하가의 일에 관하
여 들은즉 사람들이 이르기를 그가 나와서 왕과 싸우려 한다 하는지라 이 말을 듣고
사자들을 히스기야에게 보내며 이르되 10 너희는 유다의 히스기야 왕에게 이같이 말
하여 이르기를 너는 네가 신뢰하는 하나님이 예루살렘이 앗수르 왕의 손에 넘어가지
아니하리라 하는 말에 속지 말라 11 앗수르 왕들이 모든 나라에 어떤 일을 행하였으며
그것을 어떻게 멸절시켰는지 네가 들었으리니 네가 구원을 받겠느냐 12 나의 조상들이
멸하신 열방 고산과 하란과 레셉과 및 들라살에 있는 에덴 자손을 그 나라들의 신들이
건졌더냐 13 하맛 왕과 아르밧 왕과 스발와임 성의 왕과 헤나 왕과 이와 왕이 어디 있
느냐 하라 하였더라 14 히스기야가 그 사자들의 손에서 글을 받아 보고 여호와의 전에
올라가서 그 글을 여호와 앞에 펴 놓고 15 여호와께 기도하여 이르되

16 그룹 사이에 계신 이스라엘 하나님 만군의 여호와여
주는 천하 만국에 유일하신 하나님이시라
주께서 천지를 만드셨나이다
17 여호와여 귀를 기울여 들으시옵소서
여호와여 눈을 뜨고 보시옵소서

산헤립이 사람을 보내어
살아 계시는 하나님을 훼방한 모든 말을 들으시옵소서
18 여호와여 앗수르 왕들이
과연 열국과 그들의 땅을 황폐하게 하였고
19 그들의 신들을 불에 던졌사오나
그들은 신이 아니라
사람의 손으로 만든 것일 뿐이요
나무와 돌이라
그러므로 멸망을 당하였나이다
20 우리 하나님 여호와여
이제 우리를 그의 손에서 구원하사
천하 만국이 주만이 여호와이신 줄을 알게 하옵소서 하니라

V. 관찰문제의 바른 답

말씀 돋보기(관찰)

1 히스기야가 옷을 찢고, 여호와의 전으로 들어간 것은 무엇을 의미하는가?(37:1)

회개를 의미한다.

Tip

옷을 찢는다는 것은 슬픔을 상징한다. 그리고 굵은 베옷을 입고 성전으로 들어간 것은 하나님 앞에 회개한다는 상징적인 의미를 지니는 행동이다(참조. 왕상 20:31,32; 21:27; 느 9:1; 단 9:3; 요 1:13; 욘 3:6). 히스기야가 회개한 것은 두 가지다.

첫째, 히스기야는 여호와를 의지하지 않고 이집트에 도움을 청한 일을 회개한다(참조. 31장). 히스기야는 이집트의 도움을 기대하며 아시리아에 반역해 위기 상황을 초래했다. 그는 여호와의 말씀을 신뢰하지 못하고 이집트의 도움을 받아 문제를 해결하려 한 것을 회개한다. 결국 히스

기야의 외교 정책은 아시리아의 진노를 샀을 뿐만 아니라, 하나님의 분노도 초래했다.

둘째, 히스기야는 세 대신을 보내 아시리아 사람들과 타협하려 한 일을 회개한다. 평상시에는 여호와를 의지한다고 하면서도 위기에서 하나님을 의지하지 못하고 외교적인 방법으로 문제를 해결하려 한 자신의 불신을 고백하는 것이다.

2 히스기야가 이사야에게 사람을 보낸 이유는 무엇이며, 선지자의 대답은 무엇인가?(37:3-7)

a) 자신과 유다의 형편이 어렵고 해결할 방법을 찾지 못해서.

b) 두려워하지 말라.

Tip

성전으로 가서 하나님 앞에 회개하는 동시에 이사야에게 사람을 보내 하나님의 도우심을 청하도록 한다. 그는 자신과 유다의 형편이 얼마나 어렵고 처절한지를 솔직하게 고백한다. 히스기야는 "오늘은 환난과 책벌과 능욕의 날이라 아이를 낳으려 하나 해산할 힘이 없음 같도다"라고 고백한다(3절 참조. 호 13:13).

왕의 대신들로부터 메시지를 전해 들은 이사야는 하나님의 말씀을 히스기야에게 주었다. 바로 "두려워하지 말라"로 시작되는 구원 신탁이었다(6-7절). 이 신탁은 본문에서 성전을 뜻한다(참조. 수 11:6). 하나님이 아시리아의 왕이 한 말을 모두 들었고, 자신의 명예를 걸고 그를 상대로 싸우실 것이니 결코 걱정하지 말라는 뜻이다. 아시리아의 망언은 히스기야로 하여금 치욕감을 느끼게 했을 뿐만 아니라 하나님의 자존심에도 큰 손상을 입힐 수 있는 상황을 만들었던 것이다.

3 산헤립 메시지의 주요 내용은 무엇인가?(37:10-13)

여호와께 속지 말라.

Tip

산헤립은 예루살렘 지역에서 군대를 빼내면서 히스기야에게 편지를 보내 다시 한번 망언을 한다(10-13절). 이는 이미 선포했던 말이다. "감히 그 어느 신이 이 나라를 아시리아의 왕의 손에서 구해낼 수 있겠느냐?" 이미 아시리아 왕의 손에 멸망당한 나라들의 신들이 증거하는 바를 생각해 보라는 것이다. 그가 히스기야에게 하는 말의 의미는 여호와께 속지 말라는 것이다. 그는 여호와 하나님을 다른 나라의 무능한 이방신들과 동일시한다.

4 히스기야는 산헤립이 보낸 편지를 어떻게 했는가?(37:14-15)

편지를 들고 성전으로 가서 하나님 앞에 펼쳐 놓고 있다.

Tip 히스기야는 흥분되어 떨리는 손으로 편지를 들고 성전으로 향했다. 그리고는 보란 듯이 편지를 펼쳐 놓고 여호와께 기도하기 시작했다. 하나님의 명예가 훼손되었으니 이 문제는 더 이상 자신과 산헤립의 문제가 아니라 하나님과 산헤립의 문제라는 사실을 확신했다.

5 히스기야는 어떤 순서로 기도했는가?(37:16-20)

a) 16절: 찬양

b) 17절: 탄원

c) 18절: 증거 확인

d) 19-20절: 명예 회복 요청

Tip 히스기야의 기도는 매끄러운 흐름을 타고 전개된다. 그는 먼저 이 세상에 그 누구도 여호와와 같은 분은 없으며 그분만이 세상을 창조하고 통치하기에 합당하신 분이라고 찬양한다(16절). 이렇게 하나님에 대한 진리를 천명한 다음, 이러한 사실을 위협하는 일이 생겼음을 탄원한다. 산헤립이 망언을 했다는 것이다(17절). 그후에 아시리아 왕이 이렇게 말할 만한 동기를 가지고 있었음을 상기시킴으로써 하나님의 자존심을 살짝 자극하여 증거를 확인한다(18절). 그리고 히스기야는 '그러나 나는 여호와를 바라고 신뢰할 뿐'이라는 사실을 확인한다. 열방의 신들은 신이 아니기 때문(viz. 여호와와 같지 않다는 뜻)이라고 선언한다(19절). 그래서 그는 이렇게 간구한다. "주님, 주님은 열방의 신들과 전혀 다르십니다. 그 다른 점을 아시리아 왕과 온 열방에 보여 주십시오. 당신의 백성인 우리를 구원함으로써(20절) 당신의 훼손된 명예를 회복하소서. 그리고 그 과정에서 우리를 살짝 구원하소서."

VI. 적용과 나눔

삶의 내비게이션(적용)

1 인간적인 노력이 별 효과를 발휘하지 못하자 히스기야는 하나님께 겸손하게 도움을 요청했다. 당신이 살면서 하나님께 드린 가장 간절한 기도는 무엇인가?

관찰문제 4번 참고. 이집트에도 도움을 요청했으나 실패하고, 아시리아의 랍사게와 협상하고자 했으나 이것 또한 실패한다. 그때서야 히스기야는 하나님에게 도움을 요청한다. 사방으로 포위가 된 상황을 어떻게 헤쳐 나가고 싶지만 기력이 없고 방법이 없는 상황을 솔직하고 겸손하게 아뢴다. 각자가 경험한 가장 간절한 기도는 무엇이 있었는지 이야기를 나누어 보도록 한다. 각자가 해결해야 할 간절한 일이 있을 때 누구에게 도움을 요청하는가에 대해서도 말해 보도록 한다. 히스기야는 가장 절실한 순간 막막하고 망연자실할 때 하나님께 나아갔다. 히스기야의 믿음을 생각하면서, 각자의 가장 간절한 기도에 대해 이야기해 본다.

2 히스기야의 기도 내용과 당신의 기도 내용은 무엇이 다른가?

관찰문제 5번 참고. 히스기야의 기도 내용은 결코 원하는 것만을 달라는 기도가 아니다. 우선은 하나님을 찬양하고, 원하는 문제에 대해 이야기하고, 그 문제를 해결하셔야만 하는 하나님의 명예 회복에 대해 마무리하고 있다. 인간사의 문제가 아니라 하나님의 문제로 초점을 옮기고 있는 것이다. 히스기야의 기도 내용을 각자의 기도 내용과 비교해 보는 시간을 갖도록 한다. 감사의 기도 내용이 많은지, 간구의 기도 내용이 많은지 생각해 보도록 한다. 하늘의 것을 구하는 것이 많은지, 나의 필요를 위한 기도 내용이 많은지 구분해 보도록 한다. 또는 가장 많이 사용하는 단어에 대해 이야기해 보고, 서로 비교해 보도록 한다. 예를 들면, "주여, 아버지, 도와주세요" 등.

3 히스기야는 사건의 핵심을 보는 안목을 지니고 있다. 당신이 당면한 일의 핵심을 바로 알려면 어떻게 해야 하는가?

관찰문제 4번, 5번 참고. 히스기야는 사건의 핵심을 나라와 나라의 전쟁으로 보지 않고, 피조물의 창조주 하나님을 향한 대적으로 보고 있다. 그러므로 일을 순조롭게 해결하는 것을 볼 수 있다. 한마디로 손도 안 대고 코를 푸는 격이다. 문제의 핵심을 바로 파악하게 되면 해결책에 조금 더 가까워질 수 있다. 각자가 당면한 문제의 핵심을 바로 알기 위해 필요한 것은 무엇인지 이야기를 나누어 보도록 한다. 핵심을 바르게 파악하지 못하면 주변에서 서성거려야 하고, 같은 일을 여러 번 반복해야 할 수도 있다. 그만큼 시간도 낭비되고, 인력도 낭비된다.

예) 바른 가치관 정립, 우선순위 설정, 성경 지식, 지혜, 담대함, 솔직함, 영육의 건강.

Ⅶ. 마무리

기도로 마무리한다.
제11주 관찰문제를 예습해 오도록 한다.
실천과제를 제시한다.

생활의 아로마(실천)

예 1) 예전에 하나님이 기도에 응답하신 것을 나열해 보도록 한다.
2) 현재 문제에 당면해 있다면 문제의 핵심을 바로 파악하도록 한다.

제11주 기억하시옵소서!

이사야 38:1-8

학습목표

하나님이 기억하실 수 있도록 진실하게, 전심으로, 선하게 살아야 한다는 사실을 알 수 있다.

KEYWORD **기억, 업적, 기도**

Ⅰ. 찬양과 기도

Ⅱ. 지난주 실천과제 나눔

Ⅲ. 복습문제 풀이

복습

1 히스기야는 산헤립이 보낸 편지를 어떻게 했는가?(37:14-15)
편지를 들고 성전으로 가서 하나님 앞에 펼쳐 놓았다.

Ⅳ. 말씀 이사야 38:1-8을 다 함께 읽는다

38:1 그때에 히스기야가 병들어 죽게 되니 아모스의 아들 선지자 이사야가 나아가 그
에게 이르되 여호와께서 이같이 말씀하시기를 너는 네 집에 유언하라 네가 죽고 살

지 못하리라 하셨나이다 하니 2 히스기야가 얼굴을 벽으로 향하고 여호와께 기도하여
3 이르되 여호와여 구하오니 내가 주 앞에서 진실과 전심으로 행하며 주의 목전에서
선하게 행한 것을 기억하옵소서 하고 히스기야가 심히 통곡하니 4 이에 여호와의 말
씀이 이사야에게 임하여 이르시되 5 너는 가서 히스기야에게 이르기를 네 조상 다윗
의 하나님 여호와께서 이같이 말씀하시기를 내가 네 기도를 들었고 네 눈물을 보았노
라 내가 네 수한에 십오 년을 더하고 6 너와 이 성을 앗수르 왕의 손에서 건져내겠고
내가 또 이 성을 보호하리라 7 이는 여호와께로 말미암는 너를 위한 징조이니 곧 여호
와께서 하신 말씀을 그가 이루신다는 증거이니라 8 보라 아하스의 해시계에 나아갔던
해 그림자를 뒤로 십도를 물러가게 하리라 하셨다 하라 하시더니 이에 해시계에 나아
갔던 해의 그림자가 십도를 물러가니라

V. 관찰문제의 바른 답

말씀 돋보기(관찰)

1 히스기야의 병에 대하여 이사야 선지자에게 임한 하나님의 말씀은 무엇인가?(38:1)

네가 죽고 살지 못한다.

Tip

히스기야가 병들자 선지자에게 하나님의 말씀이 임했다. 왕은 결코 회복할 수 없으니 죽음을 준비하도록 권고하라는 내용이었다. 그래서 선지자는 히스기야를 찾아가 그야말로 '사형 선고'를 전했다. 정확히 알 수 없지만 아직 그의 대를 이어 왕이 될 므낫세가 태어나지 않은 것은 확실하다. 한 학자는 그의 나이를 39세로 추정한다. 구약은 사람이 장수하는 것도 하나님의 축복이라고 하는데, 나름 열심히 그리고 신실하게 살아온 사람이 39세에 죽음을 맞이한다는 것은 받아들이기 쉽지 않은 일이다.

2 선지자로부터 사형 선고를 받은 히스기야는 무엇을 근거로 기도했는가?(38:2-3)

a) 진실
b) 전심
c) 선하게 행한 것

Tip 선지자로부터 죽음을 선고받은 히스기야는 참으로 슬펐다. 그래서 그는 벽을 향해 누워 울며 기도했다. "하나님 제가 주님 앞에서 진실로, 전심으로 행하며 선하게 행한 것을 기억해 주십시오. 살고 싶습니다"(3절). 히스기야는 하나님이 자신의 신앙의 노력과 업적을 기억해 주시기를 바란다. 구약의 기도에서 진실과 전심은 하나님 앞에서의 순결한 삶을 상징한다. 또한 구약 성경에서 '기억하다'가 하나님과 연관되어 사용될 때는 은혜를 바라는 것이며, 하나님이 사람을 기억하시면 항상 은혜가 뒤따른다. 진실은 하나님께 신실하게 행한 것이며, 전심은 온전히 하나님만을 바라는 것이다. 선하게 행한 것은 삶에서 착하게 사는 것을 말한다.

3 히스기야가 선지자를 통해 받은 두 가지는 무엇인가?(38:5-6)

a) 15년의 수명 연장
b) 아시리아로부터 예루살렘을 구원

Tip 통곡하는 히스기야에게 이사야를 통해 두 번째 말씀이 임했다. 죽지 않을 것이라는 선언이다. 뿐만 아니라 아시리아 왕의 손에서 예루살렘을 구원하시겠다는 추가 선언까지 더하신다. 히스기야는 눈물 어린 기도 응답으로 15년 동안 생명을 연장받는다(5절). 선지자가 구체적으로 15년을 말한 데는 이유가 있다. 15년은 제한된 시간이다. 즉 히스기야가 이 말을 듣는 순간부터 15년이란 시간이 줄어들기 시작하는 것이며, 15년이 지나면 그는 죽어야 한다. 이러한 히스기야의 운명은 유다의 운명과도 같다.
하나님은 아시리아 왕의 손에서 예루살렘도 건져내겠다고 약속하신다(6절). 선지자들은 하나같이 이스라엘과 유다가 돌이킬 수 없는 심판의 길로 치닫고 있음을 선언해 왔다. 이러한 상황에서 사실 유다는 이번 사건(산헤립의 침략)을 통해 막을 내려야 했다. 그러나 하나님이 히스기야의 기도를 들으시고 그의 생명을 연장해 주신 것처럼 유다의 생명도 연장해 주신 것이다. 물론 이것은 시한부 인생이다. 히스기야가 15년을 연장받은 것처럼 유다도 제한된 시간만큼만 국가로 존재할 수 있는 것이다.

4 히스기야의 생명을 연장시켜 주신 이유는?(38:5)

다윗과의 언약 때문에

Tip

다윗과의 언약 때문이다. 저자가 '다윗의 하나님 여호와'를 연관시키는 것은 아하스 이야기와의 연관성 때문이다. 그는 아하스에게 하나님을 전하면서 꾸준히 '다윗 집안'이라는 용어를 사용했다. 아하스를 위기에서 구한 것은 하나님이 그를 귀하게 여기셨기 때문이 아니라 다윗과의 언약 때문이었음을 암시하는 표현이다. 본문에서 다시 한번 다윗이 언급되는 것은 유다가 이 순간 멸망하지 않는 이유도 다윗 때문임을 암시한다.

5 기도 응답에 대한 증거는 무엇인가?(38:7-8)

해시계의 그림자를 10도 물러가게 하는 기적

Tip

하나님은 모든 일이 자신이 선언한 대로 이루어질 것을 확신하는 징표로 해시계의 그림자를 10도 돌리는 기적을 주셨다(7-8절). '해시계'의 원래 뜻은 계단이며, 계단을 덮는 그림자의 위치를 보고 시간을 측정했던 것으로 생각된다. 이 현상은 그림자가 돌아가는 기적을 실현하고 있는 것으로 가나안 지역에 일어난 자연 현상으로 설명하는 것을 거부한다. 물론 해가 오던 길을 되돌아간다는 개념을 과학적으로 설명하는 것은 불가능한 일이다. 이 이야기는 성경의 여러 다른 이야기처럼 기적으로 받아들여져야 한다.

아하스의 시계가 되돌아간다는 것은 아하스처럼 하나님을 경외하지 않았던 왕들과 유다 지도자들이 범한 죄 때문에 유다에 임박했던 심판을 히스기야와 같은 참신한 왕의 노력과 기도로 잠시나마 보류하는 역할을 했음을 강조하고 있다.

삶의 내비게이션(적용)

1 히스기야가 하나님이 기억해 주시기를 원하는 진실, 전심, 선하게 행한 것 중에서 당신은 주로 무엇을 근거로 하나님께 기도했는가?

관찰문제 2번 참고. 히스기야는 죽음 앞에서 하나님께 자신의 삶에 진실과 전심과 선하게 행한 것을 놓고 기억해 달라고 기도한다. 히스기야가 기도한 진실은 신실한 마음과 신실하게 행한 것을 의미하며, 전심은 온전히 하나님만을 바라는 것을 의미한다. 선하게 행한 것은 하나님의 뜻에 맞게 행동한 것을 말한다. 각자가 하나님께 기도하는 근거는 무엇인지 이야기를 나누어 보도록 한다. 우리는 하나님 앞에 열심히 기도한다. 몇 시간 기도했다고 자랑하기도 한다. 새벽기도에 빠지지 않았다고 자랑한다. 며칠간 금식했다고 자랑한다. 그러나 우리의 삶은 하나님 앞에 내놓을 진실과 전심과 선하게 행한 것이 없다면, 그러한 기도는 무의미한 행동에 불과하다고 볼 수 있다.

2 히스기야는 기도를 통해 하나님의 마음을 움직였다. 당신이 기도를 통해 하나님의 마음을 움직이고 싶은 기도제목은 무엇인가?

관찰문제 3번 참고. 죽음 앞에 놓인 히스기야의 절박한 기도에 하나님은 응답하셨다. 물론 히스기야의 그동안의 삶이 그의 삶을 연장할 수 있는 보장의 근거가 되기는 했다. 각자가 기도를 통해 하나님의 마음을 움직이고 싶은 부분에 대해 이야기를 나누어 보도록 한다. 생명을 연장한 히스기야처럼 누군가의 생명의 연장을 위해 하나님의 마음을 움직이려고 할 수 있다. 자녀를 위해서 자녀의 진로를 위해서 하나님의 마음을 움직이고 싶을 수 있다. 부모님을 위해서도, 믿지 않는 가족과 친구를 위해서, 각자의 절실한 기도의 제목들을 내놓을 수 있다. 인도자는 이야기를 나눈 후에 나눈 부분에 대해 함께 기도하는 시간을 가질 수 있다.

3 만약 당신이 히스기야처럼 지금 당장 죽을 상황인데, 15년의 삶이 더해진다면 당신의 삶은 어떻게 달라지겠는가?

관찰문제 3번, 4번 참고. 히스기야는 삶의 연장을 받았지만 15년이라는 시한부 연장을 받았다. 각자가 지금부터 15년이 더해진다면 어떻게 살 것인가에 대해 이야기를 나누어 본다. 15년을 전체로 나누어서 말할 수도 있고, 1년씩 나누어서, 혹은 5년씩 나누어서 서로 말해 보도록 한다. 15년은 짧다면 짧은 시간이지만 길다면 긴 시간이다. 덤으로 주어진 삶을 어떻게 규모 있게 살 것인가 말하도록 한다.

예) 세계 여행, 봉사, 하나님께 더 가까이, 지금의 삶에 더 충실히, 더 많이 사랑하기 등 다양한 생각들을 나누어 본다.

Ⅶ. 마무리

기도로 마무리한다.
제12주 관찰문제를 예습해 오도록 한다.
실천과제를 제시한다.

생활의 아로마(실천)

예 1) 15년을 덤으로 산다고 생각하고 진실, 전심과 선하게 살도록 한다.
2) 하나님이 당신을 기억해 주시기를 원하는 것을 구체적으로 만들어 가도록 한다.

제12주 나만 아니면 돼?

이사야 39:1–8

학습목표

지금 나의 신앙이 후손의 삶에도 영향을 미친다는 사실을 알 수 있다.

KEYWORD **교만, 이기주의, 허영**

Ⅰ. 찬양과 기도

Ⅱ. 지난주 실천과제 나눔

Ⅲ. 복습문제 풀이

복습

1 선지자로부터 사형 선고를 받은 히스기야는 무엇을 근거로 기도했는가?(38:2–3)

a) 진실

b) 전심

c) 선하게 행한 것

Ⅳ. 말씀 이사야 39:1-8을 다 함께 읽는다

39:1 그때에 발라단의 아들 바벨론 왕 므로닥발라단이 히스기야가 병들었다가 나았다
함을 듣고 히스기야에게 글과 예물을 보낸지라 2 히스기야가 사자들로 말미암아 기뻐
하여 그들에게 보물 창고 곧 은금과 향료와 보배로운 기름과 모든 무기고에 있는 것
을 다 보여 주었으니 히스기야가 궁중의 소유와 전국 내의 소유를 보이지 아니한 것이
없는지라 3 이에 선지자 이사야가 히스기야 왕에게 나아와 묻되 그 사람들이 무슨 말
을 하였으며 어디서 왕에게 왔나이까 하니 히스기야가 이르되 그들이 원방 곧 바벨론
에서 내게 왔나이다 하니라 4 이사야가 이르되 그들이 왕의 궁전에서 무엇을 보았나
이까 하니 히스기야가 대답하되 그들이 내 궁전에 있는 것을 다 보았나이다 내 창고에
있는 것으로 보이지 아니한 보물이 하나도 없나이다 하니라 5 이사야가 히스기야에게
이르되 왕은 만군의 여호와의 말씀을 들으소서 6 보라 날이 이르리니 네 집에 있는 모
든 소유와 네 조상들이 오늘까지 쌓아 둔 것이 모두 바벨론으로 옮긴 바 되고 남을 것
이 없으리라 여호와의 말이니라 7 또 네게서 태어날 자손 중에서 몇이 사로잡혀 바벨
론 왕궁의 환관이 되리라 하셨나이다 하니 8 히스기야가 이사야에게 이르되 당신이
이른바 여호와의 말씀이 좋소이다 하고 또 이르되 내 생전에는 평안과 견고함이 있으
리로다 하니라

Ⅴ. 관찰문제의 바른 답

말씀 돋보기(관찰)

1 히스기야가 병이 나았다는 소식을 듣고 사절단을 보낸 나라는 어디이며, 그들은 왜 사절단을 보냈는가?(39:1)

a) 바빌론

b) 정치적인 목적으로

Tip 히스기야가 죽음의 문턱까지 갔다가 기적적으로 건강을 되찾았다는 소식을 듣고, 바빌론 왕이 보낸 사절단이 유다를 찾아왔다. 사절단은 약

1,500km에 이르는 먼 길을 왔다. 오는 데만 상당한 시간이 걸렸을 것이다. 그들은 바빌론 왕이 보낸 친서와 예물을 가지고 왔다.

므로닥발라단이 사절단을 보낸 이유는 바빌론이 지금 절박한 상황에 놓여 있기 때문이다. 당시 바빌론은 아시리아 왕 산헤립에게 사정없이 당하고 있었다. 이러한 상황에서 다시 반역을 계획하는 바빌론으로서는 가나안 지역의 나라들이 아시리아를 상대로 반역해 준다면, 자신들이 꿈꾸는 반역도 그만큼 성공 가능성이 높아질 것이기 때문이다. 그러므로 지금 유다의 환심을 살 필요가 있다. 거기에다 이집트만 합세해 준다면 아시리아의 통치도 물리칠 수 있을 것이라고 생각했을 것이다. 실제로 바빌론과 유다는 주전 705-703년 사이에 아시리아를 상대로 반역을 일으켰다.

2 히스기야는 바빌론 사절단을 어떻게 대했는가?(39:2)

자신이 소유하던 모든 것을 다 보여 주었다.

Tip

히스기야는 바빌론처럼 큰 나라의 왕이 보잘것없는 자신의 병에 관심을 쏟아주는 데 감격하여 자신이 소유하던 모든 것을 사절단에게 보여 주었다. 얼마나 많이 보여 주었는지 성경은 '전국 내의 소유를 보이지 아니한 것이 없은지라'(2절) 라고 묘사한다. 이날 히스기야의 교만과 허세가 하늘을 찔렀던 것이다(참조. 대하 32:25). 바빌론 사절단의 모습을 상상해 보면 바빌론의 한 개 주만도 못한 유다의 보물이 어찌 사절단의 눈에 보물로 보이겠는가. 그래도 사절단은 찾아온 목적을 이루기 위해서 히스기야가 보여 주는 시시한 물건들을 보고 놀라는 척하며 그의 비위를 맞춰 주어야 했을 것이다.

3 이사야가 히스기야에게 한 세 가지 질문은 무엇인가?(39:3-4)

a) 무슨 말을 했는가?

b) 어디서 온 사람들인가?

c) 얼마나 보여 주었는가?

Tip

이사야는 히스기야에게 세 가지 질문을 했다. "이 사람들이 무슨 말을 했으며, 어디서 온 사람들입니까?"(3절) 이 질문은 하나가 아니라 두 부분으로 구성되어 있다. 첫째, "그들이 무슨 말을 했습니까?" 이는 사절단이 어떤 목적으로 왔는지 선지자는 이미 알고 있음을 암시한다. 그들은 가나안 국가들과 연합해 아시리아를 상대로 반역을 꾀하기 위해 왔다는 것을 눈치챈 것이다. 둘째, "이 사람들은 어디서 온 사람들입니까?" 선지자는 이들이 바빌론에서 왔다는 것을 알고 있다. 그러므로 이 질문은 히스기야가 그들과 연합할 가치가 있다고 생각하는지 묻는 것이다.

셋째, 이사야는 히스기야에게 바빌론 사절단에게 얼마나 보여 주었는지 질문한다. 선지자는 히스기야가 바빌론과 동맹을 맺기로 결정한 상황에서 과연 어느 정도 수준의 동맹을 생각하는지를 묻는 것이다. 히스기야는 "하나도 남김없이 다 보여 주었다"라고 말함으로써 최고 수준의 동맹을 맺을 것이라는 사실을 드러내고 있다. 이사야의 질문은 이사야가 몰라서 묻는 것이 아니라 히스기야의 회개를 권하는 질문이다.

4 바빌론 사절단에게 모든 것을 보여준 히스기야에게 선포된 여호와의 말씀은 무엇인가?(39:5-7)

바빌론 사절단에게 보여 주었던 모든 것이 훗날 노획물이 되어 바빌론으로 옮겨가게 될 것이라는 예언이다.

Tip

히스기야의 말을 들은 선지자는 그 자리에서 왕에게 하나님의 말씀을 선포했다. 지금 히스기야가 바빌론 사절단에게 보여 주었던 모든 것이 훗날 노획물이 되어 바빌론으로 옮겨가게 될 것이라는 예언이었다. 이는 두 가지 의미를 지닌다. 첫째, 오늘은 비록 바빌론이 유다를 동맹군으로 대접해 주지만, 때가 되면 유다는 바빌론의 버림을 받을 것이라는 경고다. 둘째, 오늘의 아군이 내일의 적군이 될 것이라는 경고다. 뿐만 아니라 선지자는 히스기야의 자손들이 바빌론으로 끌려가 환관이 될 것이라는 경고도 곁들였다(7절). 이 경고는 유다가 아시리아가 아닌 바빌론의 손에 망할 것이라는 아주 혹독한 심판의 선언이었다.

5 선지자를 통한 하나님의 말씀에 히스기야는 어떻게 반응했는가? 히스기야가 취한 태도의 의미는 무엇인가?(39:8)

a) 여호와의 말씀이 좋다. 내 생전에는 평안과 견고함이 있으면 된다.

b) 히스기야 자신의 시대만 평안하면 되고 미래는 자신의 소관이 아니라는 자세다.

Tip 히스기야는 "당신이 이른바 여호와의 말씀이 좋소이다. 내 생전에는 평안과 견고함이 있으리로다"(8절)라고 발언했다. 이것은 히스기야 자신의 시대만 평안하면 되고, 미래는 자신의 소관이 아니라는 자세다. 히스기야는 선지자의 신탁에 매우 이기적인 반응을 보이고 있다. 선지자의 신탁을 들은 후 히스기야는 마땅히 옷을 찢으며 바빌론과의 동맹 문제로 이스라엘의 왕이신 하나님을 찾지 않은 것과 자신의 오만방자한 태도에 대해 탄식했다. 히스기야의 반응은 "나만 아니면 돼!"라는 자세를 보인다. 히스기야의 모습은 하나님이 왜 15년 시한부 인생을 주셨는지를 잘 보여 주는 부분이다. 히스기야는 유다 역사 속에 길이 빛날 매우 이상적인 왕이었다. 그러나 히스기야마저도 자신의 욕심이나 챙기는 리더였으니 유다는 화를 면할 수가 없는 것이다.

Ⅵ. 적용과 나눔

삶의 내비게이션(적용)

1 히스기야는 바빌론 사절단에게 자신의 모든 것을 보여주었다가 훗날 바빌론에게 배신을 당한다. 당신이 과거에 어떤 사람을 믿고 신뢰하고 모든 것을 다 보여주었는데, 배신당한 경험에는 무엇이 있는가?

관찰문제 2번 참고. 히스기야가 바빌론 사절단에게 모든 것을 보여주는 모습은 교만과 허세로 가득 찬 모습으로 보인다. 히스기야가 보여준 모든 보물은 나중에 모두 바빌론으로 옮겨지는 비극적인 일을 초래하게 된다. 믿었던 바빌론에게 철저하게 이용당한 것이다. 필요할 때는 화친하고, 필요 없으니 점령하여 모든 보물을 빼앗아 간 것이다. 우리도 믿고 신뢰하면서 자신의 모든 것을 오픈했는데 막상 돌아오는 것은 수근거림이고, 왕따를 당할 수도 있다. 믿고 전 재산을 투자했는데 배신당하여 사람도 잃고, 돈도 잃는 경우도 많다. 각자가 배신당한 경험에 대해 이야기를 나누어 보자. 대체로 바빌론처럼 믿고 의지하게 해 놓고는 배신을 하는 경우가 많다. 차라리 믿지 않았다면 배신감도 덜할 것이다. 그렇게 잘해 주고, 가족보다 더 챙겨 주고, 간이라도 빼줄 것처럼 했는데 막상 배신한다면 그 고통과 아픔은 배나 더할 것이다. 서로의 이야기에 공감해 주고, 위로해 주는 시간을 갖도록 한다.

2 히스기야는 자손들이 환관이 될 것이라는 예언에 '나만 아니면 된다'는 자세를 취하고 있다. 당신이 '나만 아니면 돼' 하고 생각한 것은 무엇인가?

관찰문제 5번 참고. 히스기야는 자신의 자손들이 바빌론의 환관이 될 것이라는 예언에 나만 아니면 된다는 자세를 취하고 있다. 요즘같이 개인주의가 당연한 세상에서는 나만 아니면 된다고 생각하는 것이 많다. 각자가 생각하는 부분에 대해 이야기를 나누어 보도록 한다. 예를 들면 천재지변이 많은 세상에 어디는 홍수로, 어디는 가뭄으로, 산불로, 폭설로 지진으로 고생하는데 '나만 아니면 돼'라고 말할 수 있다. AI, 구제역, 메르스, 전염병도 '나만 아니면 돼'라고 말할 수 있다. 수많은 교통사고에 '나만 아니면 돼'라고 할 수 있다. 왕따에 폭행에 시달리는데 '나만 아니면 돼'라고 할 수 있다.

3 우리의 신앙의 열매(축복/저주)는 다음 세대가 거두게 된다. 당신은 다음 세대가 무엇을 누리기를 원하는가?

관찰문제 5번 참고. 우리의 신앙의 열매는 다음 세대가 누리게 된다. 지금 누리는 축복은 신앙의 선배들의 희생과 헌신의 열매인 것이다. 우리가 무엇을 잘 해서 축복을 누리고 있다고 생각한다면 그것은 착각이다. 신앙 생활은 이렇게 연결성이 있다. 오늘 우리가 하나님 앞에 진실하게 살면, 우리가 아닌 다음 세대가 우리 믿음의 열매를 누리게 되는 것이다.

히스기야는 이런 면에서 철저하게 실패한다. 결국 그의 안일한 사고에 대한 열매를 그의 후손들이 거두어 바빌론으로 끌려가는 저주를 받은 것이다. 우리의 신중하지 못한 말과 행동이 어떤 경우에는 저주의 열매로 맺힐 수도 있다. 그러므로 우리가 어떻게 사느냐에 따라 우리 후손의 세대에도 영향을 미친다는 사실을 생각한다면 결코 함부로, 내 맘대로만 살 수 있는 것은 아니다. 각자 다음 세대가 누리기를 원하는 것은 무엇인지 이야기를 나누어 보도록 한다. 그리고 그 열매를 후손이 누리기 위해 지금의 나는 어떤 모습으로 살 것인가에 대해 결단하는 시간을 갖도록 한다.

Ⅶ. 마무리

기도로 마무리한다.
다음 과정을 성경공부에 초대한다.
실천과제를 제시한다.

생활의 아로마(실천)

예 1) 일주일 동안 "나만 아니면 돼"라고 느끼는 것에 대한 생각을 바꾸도록 한다.

2) 하나님보다 사람을 더 신뢰하지 않도록 신중을 기한다.

비밀 유지 서약서

나는 이 그룹에서 나눈 것들을 다른 곳에 누설하지 않기로 약속합니다. 또한 다른 그룹원들이 숨기고자 하는 내용을 나누도록 압력을 가하지 않기를 약속합니다. 하나님과 그룹원들에게 나의 약속을 성실히 이행할 것을 서약합니다.

서명________________________________

날짜________________________________

이사야(II) 말씀 공부를 통한 삶의 변화 일지

주	나의 말씀 적용(생활의 아로마)	실천과정과 결과
1주		
2주		
3주		
4주		
5주		
6주		

주	나의 말씀 적용(생활의 아로마)	실천과정과 결과
7주		
8주		
9주		
10주		
11주		
12주		

이사야(II) 엑스포지멘터리 성경공부 출석

	1	2	3	4	5
이름 / 주					
OT (월 일)					
1주 (월 일)					
2주 (월 일)					
3주 (월 일)					
4주 (월 일)					
5주 (월 일)					
6주 (월 일)					
7주 (월 일)					
8주 (월 일)					
9주 (월 일)					
10주 (월 일)					
11주 (월 일)					
12주 (월 일)					
합계					
연락처					
메모 (가족/기도)					

6	7	8	9	10	11	12

송병현 〈엑스포지멘터리 시리즈〉의 저자. 캐나다 틴대일 대학교(B. Th.)와 미국 시카고 트리니티 복음주의신학교를 졸업하고(M. Div.) 동 대학원에서 박사학위(Ph. D.)를 받았다. 1997년부터 백석대학교 구약학 교수로 봉직 중이며 2009년부터는 선교지의 지도자 교육을 위해 강사진을 파송하는 STAR 선교회를 이끌고 있다. 목회자와 신학생뿐 아니라 하나님의 말씀에 진지하게 귀기울이기 원하는 이 땅의 그리스도인들을 섬기기 위해 활발한 성경강해와 해석 사역을 펼치고 있다.

송(임)우민 캐나다 틴대일 대학교(B. Th.)와 미국 시키고 트리니티 복음주의신학교를 졸업(M. Div.), LA에 있는 탈봇신학교에서 기독교교육학으로 박사학위(Ph. D.)를 받았다. 20여 년간 북미와 한국에서 영어 주일학교 전도사로 교회학교 현장에서 사역하였으며, CMIS 캐나다국제학교 이사, Korea Montessori College 교수, 몬테쏘리 교사 및 컨설턴트 등 다양한 교육학적 경력을 통해 학부모 세미나, 부부 세미나, 교사 세미나와 주요 강사로서 가정과 주일학교를 말씀으로 세우기를 갈망하는 부모와 교사들을 섬기고 있다. 현재 백석예술대학교 사회복지학부 전임교수로 봉직 중이며, 남편 송병현 교수와 함께 STAR 선교회 이사로 섬기고 있다.

엑스포지멘터리 성경공부 시리즈 이사야(Ⅱ) – 인도자용

초판 1쇄 발행 2018년 5월 31일
2쇄 발행 2018년 11월 10일

지은이 송병현, 임우민
구성 신윤영

펴낸곳 도서출판 이엠
등록번호 제25100-2015-000063
주소 서울시 구로구 공원로 3번지
전화 070-8832-4671
E-mail empublisher@gmail.com

내용 및 세미나 문의 스타선교회: 02-520-0877 / EMail: starofkorea@gmail.com / www.star123.kr

ISBN 979-11-86880-56-2 93230

「이 도서의 국립중앙도서관 출판시도서목록(CIP)은 서지정보유통지원시스템 홈페이지(http://seoji.nl.go.kr)와 국가자료공동목록시스템(http://www.nl.go.kr/kolisnet)에서 이용하실 수 있습니다. (CIP제어번호:CIP2015000753)」